전라도 러브콘서트

전라도 러브 콘서트

· **초판 1쇄 발행** 2017년 7월 2일

· **지은이** 고무송
· **펴낸이** 민상기 · **편집장** 이숙희 · **펴낸곳** 도서출판 **드림북**
· **등록번호** 제 65 호 · **등록일자** 2002. 11. 25.
· 경기도 의정부시 가능1동 639-2(1층)
· Tel (031)829-7722, Fax(031)829-7723

· 잘못된 책은 교환해 드립니다.
· 이 출판물은 저작권법에 의해 보호를 받는 저작물이므로 무단 복제할 수 없습니다.
· 독자의 의견을 기다립니다.

전라도 러브 콘서트
Chullado Love Concert

고무송 지음

드림북

| 추천사 |

느티나무 아래 러브 콘서트

김포천 (전 광주MBC 사장/광주비엔날레 이사장)

대도무문(大道無門) ― 고무송 목사님을 생각하면, 떠오르는 고사성어입니다. 큰 길에는 문이 없다는 뜻이죠. 바른 길에는, 거칠 것이 없다는 뜻으로 새길 수도 있겠습니다. 문 없는 큰 길에, 나무 한 그루가 서 있습니다. 하늘을 우러러 서 있는데, 이 나무는 아프리카의 바오밥나무 같기도 하고, 편백나무 같기도 한데, 그 넓은 그늘로 사람을 쉬어 가게도 하고, 위로해 주기도 하는, 우람한 느티나무 같기도 합니다. 그렇습니다. 느티나무가 분명해 보입니다.

이윽고 나무가 움직이기 시작합니다. 사람들 쪽으로 뚜벅뚜벅 걸어오고 있습니다. 점점 이 쪽으로 가까이 오는, 그 느티나무에 고목사님의 영상이 겹쳐 보입니다.

우리는 1968년 서울 MBC에서 처음 만나게 됩니다. 라디오 드라마를 만들고 싶은 간절함이 있어서, 다니던 조선일보사 그만 두고, 다시 시험을 쳐 들어왔었습니다. 그리하여 나와 짝을 이루어, 방송작품을 함께 만들게 된 것이지요.

우리는, 1980년에 혹독한 시련을 겪게 됩니다. 군사정권에 의한 강제해직(强制解職)이었습니다. 같은 괴로움을 함께 견디면서 살아온 지난 세월, 우리는 수어지교(水魚之交)로 오늘에 이르렀습니다.

 내가 살고 있는, 광주 양림동 아파트 단지 뒤로 기독병원이 있고, 그 뒤 언덕에, 스물 두 분의 성스러운 영혼이 묻혀 있는 선교사묘지가, 고즈넉이 자리잡고 있습니다.
 나의 단골 산책길이기도 합니다만, 여기서는, 그 도저한 사랑, 그 거룩한 희생 앞에서, 풍진세상에 서있는 초라한 나를 보게 됩니다. 여기서, 나한테는 낯설기만 한, 신앙(信仰)이라는 것을 생각하게 됩니다. 아내와 자식까지도, 속절없이 저 세상으로 먼저 보내고도, 끄떡없이 맡은 일을 죽을 때까지 수행하는, 그 희생정신은 도대체 어디서 온 것일까요? 묘지에서 들려 올 침묵의 말씀을 듣고자, 가슴을 조이기도 합니다.
 그 언덕 아래, 이팝나무가 운동장을 아름답게 수놓고 있는 호남신학대학교가, 그윽한 자태로 앉아 있습니다. 여기가, 사랑의 수목이 울창한 양림동산이요, 광주근대화의 요람이요, 헌신과 봉사의 삶이 살아 숨쉬고 있는 광주의 성소(聖所)요, 미래의 목회자가 되고자 하는 준재들의 보금자리인 것입니다. 그리고 〈전라도 러브콘서트〉가 빚어지는 곳이기도 합니다.
 우연의 스침이 필연의 만남이 되어 호신대학보에 '글로 써서 보여주는 소리 없는 콘서트'의 집필을 하게 되었다는 고목사님은, 혹여, 변방의식(邊方意識)에 사로잡혀 있을 신학생(神學生)들에게는 소명(召命)을, 소외된 이 땅 거민(居民)들에게는 자긍심(自矜心)을 일깨워주고 싶었다고 했습니다.

 여러 군데서 복음을 듣게 되기도 하고, 가슴을 아리게 하는 대목을 만나게 되기도 합니다만, 마지막 순서로, 말하자면 클라이막스로 연주되는 문준경 전도사의 이야기는, 감동의 절정이라고 할 수 있겠습니다.
 순교자 문준경 전도사는, 배고픈 자에게는 밥이 되고, 헐벗은 자에게는 옷이 되고, 상처 입은 자에게는 치료자가 되며, 불의한 자에게는 정의가

된 성녀(聖女)라는 기록은, 마음 한 구석에 오래도록 자리하게 될 것 같습니다.

고목사가 MBC PD 시절, 〈전설따라 삼천리〉 취재차 목포에 출장, 허름한 여관방에서 하룻밤을 묵게 됐었는데, 여덟 폭 병풍이 방 한가득 차지하고 있었다는 회상. 놀라운 사실은, 그 병풍에 남농(南農) 허건(許楗)의 낙관이 찍혀있어 경악했었다는 이야기. 그것은 전라도가 예향(藝鄕)이라는 표상(表象)으로 읽혀지기도 하는 것입니다.

지금 이 〈전라도 러브 콘서트〉는 우리들의 상상력을 자극합니다. 전라도 문화의 특질을 말 한 것 가운데에서, 내가 특별히 관심을 갖게 되는 것은, '양반문화적(兩班文化的) 전아성(典雅性)과 광대재담적(廣大才談的) 서민성(庶民性)'이라는 것입니다. '예술적 우아성과 서민적 강인성'으로 고쳐 말할 수도 있을 것입니다.

나는 이것을 풍아성(風雅性)과 민중성(民衆性)으로 정리하고 싶습니다. 이것을 고대 그리스 신화에 빗대서 아폴론(Apollon)적인 것과 디오니소스(Dionysos)적인 것으로 설명해 볼 수도 있겠죠. 니체는, 그의 '비극의 탄생'에서, 아폴론적인 것(理性, 節制)과 디오니소스적인 것(野性, 衝動) 두 요소가 만나 비극을 탄생 시킨다고 했습니다. 그런데, 전라도 사람들의 특성은 디오니소스적인 쪽으로 다소 기울어져 있는 것 같습니다.

고무송 목사님과 호신대학보 젊은 그들이 함께 연주하는 〈전라도 러브 콘서트〉는, 이제 비단결 같은 화음(和音)으로 우리들을 마냥 위로, 하늘로 이끌어 올리고 있습니다. 그러하지만, 이 콘서트의 저류(低流)에는, 사랑과 구원에 대한 뜨거운 갈망이 도도히 흐르고 있음을 감지(感知)하게 되는 것입니다.

삼가, 보잘 것 없는 이 글이, 〈전라도 러브 콘서트〉의 초청장이 되어지기를 바랍니다.

| Prologue |

언제 어디서 무엇이 되어 다시 만나랴

고무송 목사 (한국교회인물연구소 소장)

─한국기독공보사 사장을 역임한 고무송 목사 집필, 〈전라도 러브 콘서트〉 시리즈를 연재합니다. 미국남장로교 선교사들의 헌신을 통해 '복음의 못자리'를 이룩한 전라도의 아름다움을 여러 각도에서 조명, 신학도는 물론 이 땅 거민(居民)들의 자긍심(自矜心)에 촉매제가 될 것으로 기대합니다. 〈편집자주〉
─위풍당당 〈편집자〉 전원동 편집국장은 사진촬영, 편집, 취재차량 지원은 물론 필자의 취재의도까지도 세심하게 헤아리며 기자들을 격려, 땀과 눈물과 순교의 피가 흥건히 적셔진 전라도 땅 구석구석을 샅샅이 훑어 〈호신대학보〉에 담아내고자 노심초사했습니다. 그리하여 젊은 그들과의 공동노작(共同勞作) 결과물인 〈전라도 러브 콘서트〉 전12곡(曲)의 현란(絢爛)한 연주를 기대하시라 개봉박두(改封迫頭)! 역사상 전무후무(前無後無)한 총천연색 시네마스코프 '글로 써서 보여주는 소리 없는 콘서트'(Silent Written Show Concert)!

그렇습니다. 〈전라도 러브 콘서트〉(Chullado Love Concert)는 전라도 광주 소재 호남신학대학교 대학신문 〈호신대학보〉 8-9면에 2015년 4월 2일자 〈제1곡 목포(木浦)의 눈물〉로부터 시작, 2017년 6월 7일자 〈제12곡 천사의 섬 증도(曾島), 미완성교향곡〉에 이르기까지 무려 3년여에 걸쳐 펼쳐진 총 12마당의 마당극입니다. 역사상 전무후무(前無後無)한 '글로 써서 보여준 소리 없는 콘서트'(Silent Written Show Concert)라 할 것입니다.

그 동안 연주에 동참한 젊은 기자들과 애청해 주신 애독자 여러분, 그리고 정성 다해 제작에 참여해 주신 모든 분들의 노고에 충심으로 감사를 드립니다. 그것은 어디 전라도 뿐이겠습니까. 이 땅은 온통 순교의 피가 흥건히 적셔진 거룩한 땅! 무궁무진한 보화가 묻혀져 있는 아름답고도 오묘한 금수강산! 그러기에 〈전라도 러브 콘서트〉는 맛보기에 불과한 미완성 교향곡(未完成交響曲)이라 할 것 입니다. 이 땅에서 그 보화를 캐내어 가져갈 자 누구일손가?

보잘 것 없는 후배의 글에 분에 넘치는 추천의 말씀으로 격려해주신 김포천 선생님의 옥고(玉稿)에 옷깃을 여미며 감사의 마음을 올려드립니다. 아울러 취재현장에 묵묵히 동행, 합동작전을 수행한 전원동 전도사님의 사랑의 글 고맙습니다. 또한 신문에 편집된 글을 단행본으로 재편집하는 만만찮은 작업을 기꺼이 감당해 주신 드림북 민상기 사장님의 노고에 깊은 감사를 드립니다.

〈전라도 러브 콘서트〉는 필자의 젊은 날 MBC PD시절 〈전설따라 삼천리〉, 그리고 목사로 변신, 영국 버밍함대학교에서 선교신학 박사학위(PhD)논문으로 집대성한 〈토마스 찾아 삼만리〉로 이어지는 연장선상에 놓여진 탐구작업(探求作業)의 속편(續篇)이라 할 것입니다.

이제, 언제 어디서 무엇이 되어 다시 만나랴? 여기까지 인도하신 그분의 섬세한 섭리(攝理)의 손길을 잠잠히 바라봅니다.

걸기대개봉박두(乞期待改封迫頭)!

| 차 례 |

추천사 / 느티나무 아래 러브 콘서트 / 5
Prologue / 언제 어디서 무엇이 되어 다시 만나랴 / 8

제1곡 목포의 눈물 / 12
제2곡 영광 블루스(Glory Blues) / 20
제3곡 지리산 판타지아 / 28
제4곡 강진(康津) 아라리요 / 36
제5곡 순천 레퀴엠 / 46
제6곡 여수 랩소디 / 56
제7곡 〈광주특집〉 예술혼(藝術魂) 만만세 / 70
제8곡 〈광주특집〉 아아, 광주여 무등산이여! / 79
제9곡 〈광주특집〉 전우의 시체를 넘고 넘어 / 87
제10곡 '진도 아리랑' / 94
제11곡 '엄마야 누나야 나주(羅州)살자' / 104
제12곡 천사의 섬 중도, 미완성교향곡 / 114

Epilogue / 우연(偶然)의 '스침'과 필연(必然)의 '만남' 사이 / 123

전라도 러브 콘서트

"제1곡
목포의 눈물"

고무송 목사 (한국교회인물연구소 소장)

고무송 목사님과 함께 한 목포취재기

〈편집자 주〉
한국기독공보사 사장을 역임한 고무송 목사 집필, 〈전라도 러브 콘서트〉(Chullado Love Concert) 시리즈를 연재합니다. 미국남장로교 선교사들의 헌신(獻身)을 통해 '복음의 못자리'를 이룩한 전라도의 아름다움을 여러 각도에서 조명, 신학도는 물론 이 땅 거민들의 자긍심에 촉매제가 될 것으로 기대합니다.

고무송 목사님과 학보사 임원들이 목포에 다녀온 이야기입니다. 목포 취재기를 늘어놓기 전에 먼저 고무송 목사님과의 만남까지의 짧은 이야기를 해야겠습니다. 처음 목사님을 소개받은 것은 작년 겨울이었습니다. 기독공보사 사장을 역임한 목사님이란 것 말고는 아는 것이 없었습니다. 올해 학기가 시작할 무렵 고무송 목사님과 전화통화를 하게 되었고, 학보사 국장인 저는 원고청탁을 했습니다. 그런데 목사님은 "원고청탁을 준 것은 감사하지만…"으로 시작해서 몇 가지 질문을 먼저 하셨습니다. 어떻게 자기를 알게 되었느냐, 학보사는 학교의 간섭 없이 학생들의 자율로 운영되느냐, 나에 대해서 얼마나 알고 원고청탁을 하느냐 등이었습니다. 그렇게 30~40분의 전화통화를 한 후 목사님은 자신의 이력서와 참고할 자료를 보내주시겠다고 했습니다.

며칠 후에 고무송 목사님의 이력서와 그분의 글 몇 편을 받아보았습니다. 편안한 문체와 삶의 모습들을 담은 글은 마치 구수한 된장찌개처럼 그분이 어떤 분인가 향내를 피웠습니다. 광주민주화운동 때 언론인의 자리에서 쫓겨나야했던 그분의 이력이 더욱 그러했습니다. 이 글을 쓰다 보니 원고청탁을 받아서 글 한편 던져주는 것은 불만족스럽다며 국밥 한 그

롯이라도, 아니면 자장면이라도 사시겠다던 후학을 향한 목사님의 따스함이 느껴집니다.

그렇게 고무송 목사님은 저희 학보사의 원고청탁을 받아들이셨고, 이번 183호부터 연재하게 되었습니다. 전라도 지역에 큰 공헌을 한 미국 남장로교 선교사들의 발자취를 밟으면서, 한편 예향의 고장 전라도를 소개하는 긴 드라마입니다. '전라도 러브 콘서트 제1곡 목포의 눈물'이 그 시작입니다.

취재의 기본은 생동감 있는 현장에 있다는 고무송 목사님의 뜻에 우리는 목포로 향했습니다. 목사님은 서울에서 새벽밥 드시고 목포로 오셨고, 우리는 광주에서 출발했습니다. 서울에서 광주에서 모인 우리 일행은 유달산으로 향했습니다.

함평천지(咸平天地)

산너머 남촌에는 누가 살길래,
해마다 봄바람이 남으로 오네.

김형(金兄),
파인(巴人) 김동환님의 '산너머 남촌에는' 첫구절을 읊어봅니다. 바야흐로 화신(花信)이 그곳 남녘으로부터 북상(北上)하고 있다는 소식입니다. 하마, 섬진강을 돌아 지리산을 넘고있을까? 아님, 영산강을 건너 나주평야를 서성이고 있으려는지? 젊은 신학도들이 정성을 다해 만들고 있는 호신대학보(湖神大學報)가 저에게 졸고(拙稿)를 청탁, 거절할 줄 모르는 성미 탓에 덜컥 수락은 했습니다만, 두렵고 떨리는 마음입니다. 젊은 그들에게 무슨 이야기를 할 수 있겠는지? 그저, 김형과 못다한 밀린 이야기들을 지면에 담아낼 수 있는 기회라 여겨, 그냥 철없이 놀아볼까 합니다.

그러니까, 김형이 그곳에 둥지를 튼지도 어느새 강산이 변할만큼의 세월이 쌓였군요. 전혀 생소한 지역인지라, 엄두를 내지 못하겠다면서 부족한 이 사람한테 자문을 요청했던 일들이 기억됩니다. 하기사, 저 역시 북도(北道) 사람이요, 남도(南道)는 잘 알 수 없는 처지였던지라, 제대로 대꾸해 드릴 수 없었습지요. 다만, 그 남녘 동네는 산자수명(山紫水明)하고 인심온화(人心溫和)한지라, 좋은 일이 많이 있을 것이라고, 그저 결혼식 주례사 같은 이야기만 늘어놓았던 성 싶네요. 그때, 호남가(湖南歌) 한자락을 소개, 남도 맛보기로 선사했던 기억이 새롭습니다. 전라도 맛 좋지요?

함평천지(咸平天地) 늙은 몸이 광주고향(光州故鄕)을 보려하고 제주선박(濟州船舶)을 빌려타고

해남(海南)으로 건너갈제 흥양(興陽)에 돋은 해는 보성(寶城)에 비쳐있고 고산(高山)의 아침안개 영암(靈岩)에 둘러있다

김형, 전라도 지명(地名)으로 엮어내는 노랫가락을 통해 그곳 민초(民草)들의 향토사랑을 전율처럼 느꼈을 것입니다. 판소리는 또 어떻습디까. 제가 군에 입대했을 때, 경상도와 전라도 장정들이 논산훈련소에서 만났습니다. 고된 훈련에 휴식시간 오락회는 유일한 엔터테인먼트(entertainment). 그때마다 남도출신들은 판소리 한가락쯤 너끈히 불러제키곤 했습지요. 부산오페라단 전속테너 팽재유 훈련병 역시 단골가수로 뽑히곤 했었습니다만, 농투성이 판소리꾼을 향한 박수갈채가 더 요란했더랬습니다. 판소리야말로 민중의 한(恨)이 서린 함성(喊聲) 아니겠습니까.

목포의 설움

김형, 제가 MBC PD로 일하던 젊은시절, 어느날 라디오 드라마 〈전설따라삼천리〉 특집방송 취재차 남도출장명령을 받았습니다. 그때, 전세계를 놀라게 했던, 신안 앞바다 해저유물 발굴현장을 취재하는 임무였습니다. 교향곡의 아버지 하이든(F.J.Haydn)의 '놀람교향곡'(Symphony No.94 in G 'Surprise')의 묘한 충격처럼, 두가지 놀라움을 경험했습니다. 마침, 고속버스가 운행하기 시작하던 시절이었던지라, 목포행 버스표를 예약하려 했습니다. 그런데 아직, 그 도시엔 고속버스 노선이 개설되지도 않았다는 것. 그것이 첫번째 놀라움이었습니다. 전국 소도시에까지 고속버스가 연결됐건만, 아직도? 천대받는 목포의 설움이 결국 '목포의 눈물'을 애창할 수밖에 없겠다 싶었습니다.

사공의 노래 가물거리면 삼학도 파도 깊이 스며드는데

부두의 새아씨 아롱젖은 옷자락 이별의 눈물이냐 목포의 설움

　김형, 목포는 죽음의 도시였습니다. 저의 고향 군산과 닮은꼴이었습니다. 두 도시의 이야기가 똑같았습니다. 역사(驛舍)도 그렇고, 일본인들이 살았던 적산가옥(敵産家屋) 역시 똑같은 모습이었습니다. 신안해저유물이 발굴되던 해가 1975년이었으니까, 해방이후 30년이나 경과했건만 목포의 시간은 멎어있었습니다. 옛 그대로였습니다. 야당지도자 김대중(金大中)의 고향이라는 낙인(烙印)이 찍혀 개발이 멈췄다는 것이었습니다. 일본으로 군량미(軍糧米) 실어내기 위해 개항됐던 군산(群山), 군복(軍服) 만드는 목화(木花)를 반출하기 위해 건설됐던 목포(木浦). 그 두 도시가 서해안시대를 맞아 중국을 거쳐 실크로드(Silk Road)를 통해 중앙아시아를 넘어 땅끝까지 복음을 전할 수 있는 복음비단길(Silk Road for the Gospel) 전진기지(前進基地) 역할을 감당하게 될 줄이야. 아, 그것이 바로

제1곡 목포의 눈물 **17**

2천년 기독교 선교역사 속에 면면히 이어져온 복음(福音)의 서진운동(西進運動) 아니리요!

전라도의 영광

그런데 김형, 그때 거기 목포에서 저는 두번째 놀라움을 경험했습니다. 허름한 여관방에서 하룻밤 묵게됐는데, 여덟폭 병풍이 그 방을 꽉 차지하고 있더란 말씀입니다. 그게 범상치 않은 것이었습니다. 아 글쎄, 거기 남농(南農) 허건(許楗)의 낙관이 찍혀있지 않은가. 세상에! 소치(小癡) 허련(許鍊), 미산(米山) 허형(許瀅)의 후예로 남종화 대가(大家). 바로 그 어른의 작품을 여인숙 손님방에 펼쳐놓는 목포의 인심이라니! 그거야말로 목포의 저력(底力)이요, 목포의 눈물을 넘어선 목포의 환희(歡喜)요, 전라도의 영광(榮光) 아니겠는가. 중세 동아시아의 무역활동과 수중고고학은 물론 사회 경제 예술을 헤아릴 수 있는 청자 백자 칠기 목기 주화 등등 찬란한 유물 28,000여점이 바로 그곳 해저에 묻혀져 있었던 것 또한 우연만은 아니었으리라.

김형, 왜 남도를 예향(藝鄕)이라 하는지, 이제 조금은 알 것 같다고요? 왜 광주를 가리켜 문화수도(文化首都)라 일컫는지도 이해하게 됐다고요? 하하, 5.18광주민주화운동으로 말미암은 트라우마(Trauma)를 치유코자 남도를 찾아간다 했던 김형이, 이젠 남도에 흠뻑 빠졌나 봅니다 그려. 전라도 맛에 취해버렸다고요? 전라도 사람 다 됐다고요?

그렇습니다. 그런 저런 마음들이 모아져 마침내 '전라도 러브 콘서트'(Chullado Love Concert) 아름다운 하모니를 연주하게 되는 것 아닐까요?

걸기대개봉박두(乞期待開封迫頭)!

전라도 러브 콘서트

"제2곡
영광 블루스(Glory Blues)"

고무송 목사 (한국교회인물연구소 소장)

웬 블루스? (Why Blues?)

4월17일 08시30분, 광주송정역. 북녘 종점 행신역 출발 KTX 첫차로 남녘 종점을 찾아온 발걸음. 그렇게 〈전라도 러브 콘서트〉팀은 다시 만났습니다. 호신대학보 국장 전원동, 부국장 박지환, 총무 박경환 - '젊은 그들' 간부기자들과 필자와의 재회(再會). 지난달 '목포의 눈물' 특별취재팀. 이달엔 특별게스트 사진작가 김수웅장로(순천동부교회)를 초대했습니다. 제2곡〈영광블루스〉 현지취재를 위한 출동입니다. 모닝커피 한잔 나누며 취재일정을 협의, 곧장 영광을 향한 마티즈엔진에 시동을 걸었습니다. 푸른 하늘, 따사로운 햇볕, 하얀 벚꽃, 노오란 개나리, 연분홍 철쭉… 바야흐로 울긋불긋 봄꽃향연의 영광환영(靈光歡迎)퍼레이드가 펼쳐진겁니다. 그야말로 영광환영(榮光幻影)아닌가!

그토록이나 화사한 봄나들이에 웬 〈영광블루스〉란 말인가? 블루스(Blues)는 본래 흑인영가에서 비롯된 4박자 혹은 2박자의 애조(哀調)를 띤 슬픈 노래 아니던가 말입니다. 사연은 이렇습니다. 필자가 영국 버밍함대학교에서 한국개신교 최초 순교자 토마스목사(Rev. R.J.Thomas 1839-1866)의 생애와 선교사역으로 선교신학박사(PhD) 학위논문을 쓸 때, 지도교수 우스토프박사(Prof. Dr. W.Ustorf)는 제자인 필자에게 이런 질문을 던지는 것이었습니다.

고목사님, 한국교회 급성장의 원인을 무엇으로 보십니까?

선교 한 세기만에 민족복음화율25%라는 기록은 2천년 기독교역사 가운데 전대미문(前代未聞)의 대사건. 그러기에 세계교회의 지대한 관심사가 아닐 수 없는 것입니다. 물론 다각도에서 그 원인을 찾을 수 있겠지만, 필자는 이렇게 대답하곤 했습니다.

첫번째 원인, 그것은 한국교회가 순교의 피를 머금고 자랐기 때문입니다. 그것이 바로 제가 한국개신교 최초 순교자 토마스목사를 연구하는 이유이기도 합니다.

한국교회는 1866년 토마스목사가 대동강변에서 순교의 제물이 된 이래 일제의 압제와 6.25한국전쟁을 치러내면서 엄청난 순교자를 배출, 한반도야말로 순교의 피가 흥건히 적셔진 거룩한 땅. 그 가운데 전라남도 영광(靈光)은 순교의 영광(榮光)으로 찬란하게 빛나는 성지(聖地 Holy Land)라 할 것입니다. 우리가 영광을 찾아가던 그날은 세월호참사1주기 바로 다음날. 굳이 장거리 취재길에 하얀 와이셔츠에 검정 넥타이 정장차림으로 예(禮)를 갖추고자 했던 필자의 마음. 어찌 판타지아(Fantasia)를 노래할 수 있으리요. 블루스(Blues)가 마땅하지 않겠는가 말입니다. 그러나 그것은 영광애곡(靈光哀哭) 아닌 영광블루스(Glory Blues) 아니겠는가!

4대종교(四大宗敎) 문화유적지(文化遺跡地)

김형, 이 참에도 뵙지 못하고 스쳐 지나는 실례, 용서를 구합니다. 단일치기로 마쳐야 하는 워낙 빡빡한 취재일정이어서 그렇습니다. 저도 그렇지만, 취재기자들이 시험중인 신학생들인지라 짬을 넉넉히 낼 수 없는 사정 때문입니다. 지난달 '목포의 눈물'은 우중(雨中)이어서, 아마도 빗물같은 눈물을 찔끔거리며 유달산을 오르내렸습니다만, 이번 영광 취재길은

영광 야월교회 순교기념관

　활짝 갠 날씨도 그렇거니와 보화처럼 아름다운 순교성지인지라, 김형 내외를 모시지 못하는 마음 더욱 아쉬운 것이었습니다.
　사실 영광의 볼거리9경 가운데 4대종교 문화유적지가 들어있을 만큼 이곳은 거룩한 땅입니다. 그게 도대체 어디냐고요? 염산교회순교성지, 야월교회순교성지, 천주교순교지, 백제불교최초도래지, 원불교영산성지를 비롯, 백수해안도로, 가마미해수욕장, 불갑사, 불갑저수지수변공원, 숲쟁이공원, 천일염전, 불갑사상사화, 송이도. 그밖에도 빼어난 풍광이 수두룩하건만, 세상에 널리 홍보되질 못한 것 같습니다. 자연풍광이야 그렇다 치고라도, 지고지순(至高至順)한 개신교순교성지가 광주로부터 한시간 남짓, 지척에 놓여있음에도 동행한 기자들마저 초행(初行)이랍니다. 이래저래 호신대학보의 〈전라도 러브 콘서트〉는 만시지탄(晩時之歎)의 감(感)이 없지 않으나, 시의적절(時宜適切)한 편집기획이 아닐 수 없는 것 같습니다.

영광 염산교회 77인 순교자 합장묘

77인 순교성지 염산교회

김형께선 염산교회 이야기를 알고 있다고요? 옳습니다. 저의 졸저(拙著) 〈나의 달려갈 길을 마치고〉 회암(晦菴) 안영로목사 평전(評傳)을 보내드렸지요? 77인 순교자를 배출한 염산교회가 바로 그 어른의 고향교회입니다. 담임 임준석목사의 설명을 경청합니다.

"저희 염산교회는 신앙을 목숨보다 소중하게 여긴 77인의 순교자의 신앙이 깃든 한국기독교 대표적인 순교성지입니다. 6.25동란때 국군이 영광에 진군해 들어왔을 때, 퇴각하지 못한 공산당들이 교회당을 불지르고 교인들을 바닷가 수문통에서 돌멩이를 목에 매달아 수장시키는가 하면, 죽창과 몽둥이와 칼로 찌르고 때려서 죽이는 참상이 벌어졌습니다. 믿음을 지킨 염산교회 성도들은 천국의 소망을 가지고 조금도 굴하지 않고 오히려 자기들을 죽이는 그들을 긍휼히 여기는 마음으로 순교의 제물이 되었는데, 이때 담임이었던 김방호목사를 비롯하여 전교인의 3분의 2인 77명이 순교하였습니다."

대한예수교장로회 총회장을 역임한 안영로목사는 그때 13살 소년으로 순교현장을 목격, 결국 그 사건으로 인하여 목회자로 소명(召命)을 받게 됐던 것입니다.

"그날 그 순간, 열세살 소년 안영로는 담장 너머 돌담 사이 작은 구멍으로 순교현장을 목격했다. 사지가 뒤틀리고 떨려 도무지 서있을 수가 없었다. 그 자리에 고꾸라지듯 얼푸러졌다. 김방호목사의 아들 현이는 동갑내기 친구 아니던가. 개구쟁이 친구가 어쩌면 저렇게 용감할 수 있는 것일까. 그저 놀랍고, 두렵고, 그러면서도 무엇인가 가슴 속을 파고드는 그 무엇을 느끼게 되었다."(고무송, 안영로목사 평전〈나의 달려갈 길을 마치고〉, 쿰란출판사, 47면 참조)

한국개신교 최초순교자 토마스목사를 연구한 필자는 요한복음 12장 24절 예수님의 말씀으로 그 논문의 결론을 삼았습니다.

"한알의 밀이 땅에 떨어져 죽지 아니하면 한알 그대로 있고 죽으면 많은 열매를 맺느니라."

전교인65인 순교성지 야월교회

이웃 야월교회로 향하는 길. 우린 젊은날 그 교회를 섬겼던 안영로목사의 증언을 경청했습니다.

"염산에서 야월까진 지금은 포장도로가 시원하게 펼쳐져 있습니다만, 그땐 바닷길이요, 뻘밭이었습니다. 캄캄한 바닷길, 산길을 혼자서 오갈 땐 몹시 무서웠던 길이었습니다. 여기저기 교인들이 생매장되어 순교했던 현장을 지나야 했고, 때로는 순교자들의 시신이 바다에 둥둥 떠다니던 광경도 목격해야 했던 고을이었습니다. 이제와 생각해 보면 그때 하나님께

영광 염산교회 77인순교기념비(김수웅 장로제공—순천동부교회)

서 저를 목회자로 쓰시기 위해 혹독한 훈련을 받을 수 있는 기회를 주셨던 것 같습니다."(위의 책 97면 참조)

야월교회 담임 심재태목사의 이야기를 듣습니다.

"1950년6월22일 이 지역에 상륙한 숫자 미상의 공산군의 기습이 야월교회 성도의 제보로 목적을 이루지 못하게 되었고, 기독교에 대한 사상적 갈등으로 교회에 탄압을 가하던 중 1950년 9월부터 10월 사이 공산군과 이를 추종하는 무리들에 의해 전교인 65명이 한명도 남김없이 산채로 매장되거나 수장되어 죽임을 당하고 교회와 성도들의 집이 불태워졌던 세계 기독교 역사상 유례없는 순교사건입니다. 교인 전체가 거룩한 순교의 제물이 되어서 한때 이 지역 복음화가 단절된 듯하였으나 이들의 순교의 씨앗이 큰 나무로 자라서 이곳이 믿음의 모퉁이돌이라고 오늘까지 생생하게 증언해 주고 있습니다. 저희 야월교회는 1908년 4월 5일 미국남장로교 선교사 유진벨에 의해 교회가 세워져 일제강점기에 교회를 중심으로 농촌계몽운동과 애국신앙교육을 통해 지역의 복음화에 힘썼습니다."

김형, 미국남장로교 선교사들이 한반도에 상륙한 것은 1892년, 북장로교 선교사들 보다 8년뒤의 일이었습니다. 그때 이미 카나다장로교와 호주장로교 선교사들도 입국, 서울 평양 등 대도시를 중심으로 활발하게 선교를 펼치고 있었습니다. 그들은 서로 중복투자를 피하기 위해 예양협정(禮讓協定)을 체결(1893년), 이른바 '선교지분할'에 합의합니다. 당시 폐허처럼 버려졌던 땅이 전라도 지역이었습니다. 흉년과 풍토병 그리고 동학란 등으로 선교사들의 안전이 보장되지 못했기 때문입니다. 남장로교 선교사들이 할당받은 지역이 바로 전라도였습니다. 그들은 전주(1893년)를 시작으로 군산(1895년), 목포(1898년), 광주(1904년), 순천(1906년)으로 지경을 넓혔습니다. 바로 그 땅이 '복음의 못자리'가 되어 전국복음화율 25%의 대종(大宗)을 이루고 있는 것입니다.

김형, 신학교에서의 한국교회사 공부는 북장로교 선교사들의 사역에 치우쳐 남장로교 선교는 언급조차 희미한 형편. 그런데 사실 남장로교 선교사들의 희생적인 전라도지역 선교를 통해 풍성한 열매를 맺은 것이 사실(史實)입니다. 그 증거로서 광주 호남신학대학교 언덕에 마련된 선교사묘역, 전주예수병원 선교사무덤, 그리고 군산, 순천 등지에 널려있는 그들의 무덤들이 웅변으로 말해줍니다. 그러기에 초대교회 교부 터툴리안(Q.S.F.Tertullian 150-225)의 갈파(喝破)를 주목하게 됩니다.

순교자의 피는 교회의 씨앗이다.
(The blood of the martyr is a seed of the church.)

전라도 러브 콘서트

"제3곡
지리산 판타지아"

고무송 목사 (한국교회인물연구소 소장)

5월22일(금요일) 오전 9시42분. 〈전라도 러브 콘서트〉팀이 이번엔 순천역에서 만났습니다. 호신대학보 편집국장 전원동, 부국장 박지환, 총무 박경환, 사진작가 김수웅 장로(순천동부교회) 그리고 필자. 지난달 '영광블루스'팀 올멤버 총출동. 거기다 학보사 기자 이명숙이 증원됐고, 사진작가 김영위 목사(농촌지원센터 대표)가 대학신문사로선 갖추기 힘든 고가품의 광각렌즈 카메라를 메고 후배 지원차 출동, 지리산 안내를 자원했습니다. 취재팀 일행7명은 순천역광장에 둘러서서 오늘의 일정을 협의했습니다. 그라운드에 나아가는 축구선수 마냥 사뭇 충만한 투지(鬪志). 마침 호신대학보 주간 최광선 교수가 격려 전화, 전의(戰意)를 돋궈주었습니다. 오늘의 공격목표는 노고단 선교유적지(宣敎遺跡地). 현지지도를 위해 지리산 지킴이 손영기 목사(평도교회)는 구례명문식당에 산채정식을 주문, 걸쭉한 환영사까지 갖춰놓은 것 아닌가.

'금강산도 식후경'이라 했거늘, 지리산도 금강산 못지 않은 명산입지요. 이곳 명물 노오란 치자물 영양식 산채돌솥밥을 맞춰놓았습니다. 그러잖아도 호신대학보가 〈전라도 러브 콘서트〉를 기획, 제1곡 목포의 눈물, 제2곡 영광 블루스를 터뜨리기에 제3곡은 분명 지리산으로 방향을 잡으시겠거니 예측했습니다. 왜냐하면, 집필자 고무송 목사님이 지리산 선교유적지보존을 위해 기독공보 편집국장 시절부터 심혈을 기울이셨거든요. 잘 오셨습니다. 환영합니다.

'잊혀진 여인' 지리산 선교유적지

김형, 혹여 기억할지 모르겠습니다만, 제가 한국기독공보 편집국장 재직시 지리산을 주제로 한 특집을 기획, 한동안 연재한 바 있습니다. 지리산이야말로 민족의 영산(靈山)으로 일컬어지며 전라도와 충청도, 경상도가 서로 그 넓은 품에 안겨 오손도손 삶을 영위하고 있잖습니까. 소통(疏通)을 테마로 하여 지리산 속에 생명을 보존하고 있는 반달곰을 비롯 각종 식물과 심지어 미미한 곤충에 이르기까지 하나님의 창조질서를 조명하고, 지리산 깊은 골짜기마다 생명을 잇대어 살고있는 인생들의 먹거리, 풍습, 방언, 종교 등등 온갖 것들의 강인한 생명력을 살펴보고자 함이었습니다. 그때 의외의 대어(大魚)를 그 산중에서 낚게 될 줄이야! 그것은 선교유적지 보존에 관한 특종뉴스 거리였습니다. 당시 민완기자 김보현 차장을 파견, 현지취재를 통해 기독공보에 게재했던 뜨끈뜨끈한 보도문을 인

용합니다. (기독공보 2004년2월21일자 2451호 참조)

"지리산에 기독교 유적지가 있었던가? 지리산 기독교 유적지 보존문제를 취재하는 동안 만난 일반 성도들과 목회자들 가운데에는 지리산에 기독교유적지가 있다는 사실 자체를 낯설어했다. 그러다가도 '외국인 수양관'을 언급하면, 또 역시 대부분은 "들어 본 적이 있다"는 반응을 보인다. 한국교회에 있어 지리산유적지가 어떻게 인식되고 있는지 보여주는 현실의 한 단면이라 할 수 있다."

김형, 그로부터 꼭 11년이 경과한 2015년 봄 대한예수교장로회 총회 산하 7개 신학교 가운데 전라도 지리산 자락에 뿌리를 내리고 있는, 미국남장로교 선교사들의 헌신의 열매인 호남신학대학교 호신대학보가 〈전라도 러브 콘서트〉(Chullado Love Concert)를 기획, 전라도의 아름다움을 재발견함에 있어, 지리산의 무한한 가치를 새롭게 조명하는 것은 뜻 깊은 일이 아닐 수 없는 것이라 확신하는 것입니다. 전라도의 아름다움은 실로

여러가지로 설명할 수 있겠거니와 그 가운데 특별히 기독교 유산을 빼놓을 수 없는 것 아니겠습니까. 지난달 제2곡 영광블루스에서도 잠시 언급했습니다만, 미국남장로교 선교사들이 1892년 한국선교를 위해 입국, 곧이어 선교지 분할을 위해 체결된 예양협정(禮讓協定)에 따라서 전라도 지역을 선교지로 할애받은 이후, 저들은 엄청난 희생의 대가를 치르면서 불모지와 같은 전라도 땅을 복음화, 물댄동산으로 만들었습니다. 그 대표적 증거가 바로 지리산 선교유적지입니다. 그럼에도 불구하고, 그때도 그러했거니와 많은 세월이 지난 오늘도 한국교회는 지리산의 선교유적을 흡사 '잊혀진 여인' 처럼 깊고 깊은 산속에 유폐(幽閉) 시켜놓고 있는 것은 아니겠는지요? 그때 기독공보 기사를 좀 더 읽어봅니다.

"노고단에 외국인 시설이 있다는 것이 일반에게 알려진 것은 지리산 등산로가 하나 둘 공개되고, 1970년 국립공원 제1호로 지리산이 지정되면서 대표적인 등산로에 인접한 석조건물의 폐허에 대한 의문들로부터 시작됐다고 할 수 있다. 해발1천5백7미터 높이의 노고단 정상에 위치한 시설에 대해서 일반적으로는 외국인수양관, 숙소, 심지어 한 관광 사이트에는 외국인들의 장터 등으로 소개되고 있을 정도로 그 실체가 제대로 알려져 있지 않다."

김형, 바로 이것이 오늘 호신대학보가 전열을 가다듬어 지리산을 공격하게 되는 이유입니다. 취재팀 일행 '7인의 무법자'들은 노고단 선교유적지 '불법침입'을 감행키로 했습니다. 왜 그것을 감히 '불법'(不法)이요, 침입(侵入)이라고 자술(自述)하고 있는가? 폐허로 방치된 그 선교유적지에 '입산금지'(入山禁止)를 알리는 하얀 '금줄'이 처져있기 때문입니다. 비록 10여년 세월이 흐르긴 했다지만, 그곳을 다시 찾아간 저는 물론 선교유적지보존을 위해 헌신하고 있는 동행 김영위 목사와 김수웅 장로 역시 그 폐허를 정확히 기억해내질 못하고 지나칠 수 밖에 없었다는 사실이 한국교회 무관심을 웅변으로 설명하고 있는 것 아니겠습니까. 입간판 하나가 거기 버티고 서 있었습니다.

노고단 교회터 폐허에서

김형, 호신대학보 취재팀 '7인의 무법자'들은 잡초 무성한 노고단 교회터 폐허에서 망연자실, 할 말을 잃어버렸습니다. 우리는 그저 손에 손을 부여잡고 기도할 수 밖에 없었습니다. 오늘의 중원군으로 파견된 이명숙 기자의 기도는 우리 모두의 가슴을 두드리는 도전이었습니다. 아니, 한국교회를 향한 거룩한 꾸짖음이었습니다.

"전능하신 하나님 아버지, 생명을 살리기 위해 이 땅에 오셨던 미국남장로교 선교사님들이 생명을 바쳤던 현장을 찾았나이다. 부끄럽습니다. 너무 늦었습니다. 무심했습니다. 용서해 주세요. 이방인들이 남겨놓은 생명을 살리는 거룩한 사역에 이제는 저희들의 생명을 바칠 것을 약속하나이다. 미몽(迷夢) 속에 깊이 잠들어 있는 한국교회를 깨워 함께 일어날 수 있게 하옵소서. 생명을 살리려 이 땅에 오신 예수 그리스도의 심장을 품고 한국교회와 더불어 함께 나아갈 수 있게 하옵소서."

그렇습니다. 어둡고 괴로웠던 조선땅, 특별히 전봉준 동학농민봉기로 인해 소외되고 버림받았던 전라도 백성들. 남장로교 선교사들은 이 땅 거민을 살려내기 위해 온전히 헌신(獻身)했습니다. 저들은 죽어가는 영혼을 살리려 교회를 세웠습니다. 죽어가는 육신을 살리려 병원을 세웠습니다. 무지몽매한 백성들을 깨우치려 학교를 세웠습니다. 그들은 전인구원(全人救援)을 위해 고귀한 생명을 바쳤습니다. 호남선교의 대부 배유지 선교사(Rev. Eugene Bell)를 비롯 무수한 남장로교 선교사들이 이 전라도 땅에 생명을 바쳤습니다. 지리산의 선교유적지는 거룩한 흔적(痕迹)입니다. 4대째 이 땅을 지키고 있는 인요한 선교사(세브란스병원국제진료소장)의 증언을 경청합니다.

"이질을 비롯한 각종 한국풍토병으로 인해(당시 영아사망률이 아주 높았을 뿐 아니라 면역력이 취약한 서양 선교사들의 희생은 아프리카에 파송된 선교사들의 피해 보다 훨씬 더 많았습니다) 미국남장로교 선교본부에서 한국파송 선교사들의 철수를 명령하는 사태에 이르렀습니다. 그러나 한국주재 남장로교 선교사들은 전라도 땅을 떠나지 않겠다고 다짐, 그 대안을 제시했습니다. 그것은 전염병이 창궐하는 6월부터 8월 사이 남녘 땅에서 가장 고도가 높은 지리산에 잠시 피신, 풍토병을 빗겨갈 수 있게 함으로써, 끝까지 이 땅 거민(居民)을 지키겠다는 남장로교 선교사님들의 피맺힌 호소였던 것입니다."

사랑하는 김진영 교수님, 호신대학보와 엮어주시고 지도편달 감사합니다. 〈전라도 러브 콘서트〉를 기획, '제1곡 목포의 눈물' '제2곡 영광 블루스' 그리고 '제3곡 지리산 판타지아'로 피날레를 장식하게 되는 것은, 어쩌면 슈베르트의 미완성교향곡(未完成交響曲)같습니다. 전라도의 아름다움이 무진장(無盡藏)하기 때문입니다. 그러나 비장미(悲壯美) 넘치는 이곳 남

도(南道) 고유의 판소리는 끊어질 듯 이어지고, 잦을 듯 솟아나는 전라도의 숨결 같은 것. 그것이 진짜배기 전라도 가락이랍니다.

　호신대학보 독자 여러분, 특별히 이곳 노고단 선교유적지 폐허는 우리 가슴을 벅차게 합니다. 여수순천사건과 6.25한국전쟁 그리고 이른바 지리산 공비토벌 같은 고난의 역사 속에서도 이나마 보존된 선교유적은 결단코 서구열강의 호화유적 아닌 미국남장로교 선교사님들의 생명피난처요, 그러기에 우리 위해 생명 바친 거룩한 '예수의 흔적'(갈6:17)이 아닐 수 없는 것입니다. 이제 우리가 잘 보존하고 그 속에 깃든 뜻 잘 이어받아 이 민족의 역사와 삶 속에 구현함이 마땅한 것 아니겠습니까!

　"하나님, 전라도 땅, 고난의 역사 속에 미국남장로교 선교사님들이 아름다운 유산을 선물로 주신 축복, 삼가 감사를 드립니다"

　오직 하나님께 영광을! (Soli Deo Gloria!)

전라도 러브 콘서트

"제4곡
강진(康津) 아라리요"

고무송 목사 (한국교회인물연구소 소장)

　지난 185호 지리산 노고단의 남장로교 선교사 유적지 취재를 끝으로 고무송 목사님의 뜻에 따라 〈전라도 러브 콘서트〉의 막을 내리기로 했습니다. 그러나 풋풋한 신임 국장의 간청에 마음 여린 고무송 목사님이 수락, 〈전라도 러브 콘서트〉의 아름다운 연주를 계속해서 감상할 수 있게 되었습니다.
　바쁘신 일정에도 후학과 전라도를 아끼고 사랑하셔서 서울에서 광주까지 긴 걸음하시며 〈전라도 러브 콘서트〉의 지휘봉을 다시 잡아주신 고무송 목사님께 깊은 감사를 드립니다. 〈편집자 주〉

2015년 9월 11일 금요일. 필자는 오전6시 행신역발 KTX에 몸을 실었다. 호신대학보에 연재중인 〈전라도 러브 콘서트〉(Chullado Love Concert) 제4곡 강진 아라리요 답사 취재 길. 스마트폰에 찍힌 메시지를 들춰 본다.

   안녕하세요. 고무송목사님, 전화가 꺼져있어 문자를 남깁니다. 새 학기가 시작되어 평안의 인사를 올리며, 새 학기에도 호신대학보를 애정 가지고 돌봐주시길 부탁 드립니다. 최광선 올림.

   호신대학보 최광선 지도교수가 남겨놓은 메시지. 지난 봄 〈전라도 러브 콘서트〉 코너를 개설, 제1곡 '목포의 눈물', 제2곡 '영광 블루스', 제3곡 '지리산 판타지아'를 읊조리며, 룰룰랄라 젊은 기자들과 더불어 전라도의 숨은 보석을 찾아 다녔다. 즐겁고 보람찬 시간이었다. 이 가을엔 젊은 기자 저희들끼리 할 수 있겠다 싶었다. 그래 고별사까지 나눴잖은가. 그랬는데, 신임 김성은 편집국장 왈 "아직은 저희들끼리는 좀…" 도리질을 치더니, 내처 지도교수의 메일까지. 이른봄 심은 묘목이 활착(活着)하기엔 아직은 좀 이르다는 '엄살'이고 보니, 이를 어쩌란 말인가? "남도가락은 끊어질 듯 이어지고, 이어질 듯 끊어진다"는 고별사, 그게 발목을 잡을 줄이야. 제 발등 제가 찍은게지! 밀쳐두었던 녹음기와 카메라를 다시 챙겨들고, '새벽별 보기 운동'에 나설 수 밖에. 젊은 기자들 보폭(步幅) 맞추려면 땀깨나 쏟으련만, 역마살 뻗친 제 팔자소관인걸 이를 어쩌리요.?

   "아리랑 아리랑 아라리요 십리도 못 가서 발병 났네!"

강진(康津) 아라리요

   오전8시34분, 광주송정역엔 그리운 사람들이 기다리고 있었다. 김성은-전원동 신·구 편집국장, 여기자 이명숙-오화례, 사진작가 김수웅장로(순천동부교회), 그동안 '김형'(金兄)으로 불리며 막후(幕後)에 숨겨졌던 김진영 교수가 실체를 드러냈다. 그는 목하 연구학기를 맞아 저술작업에 몰두하고 있다 하지 않았던가.

"원로(元老)목사님께서 원로(遠路)에 오시느라 수고하셨습니다. 학생들의 소형승용차로 먼 길 답사취재 떠나신다는 소식 듣고, 좌불안석(坐不安席), 불청객 불쑥 대령했사옵니다."

김교수 세단엔 오늘의 가이드 겸 찍사 김장로와 여기자들이 동승했고, 필자는 신구(新舊) 편집국장님들을 앞 자리에 모셔놓고, "강진을 향해 출발!" 길가엔 코스모스가 지천으로 널려있고, 하늘은 높고 푸르르며, 벼이삭 익어가는 들녘엔 황금 물결이 넘실대고 있다. 아, 천고마비(天高馬肥) 가을인가 봐! 산 절로 물 절로, 전라도 저절로, 어찌 한 가락 읊조리지 않을 손가?

"아리랑 아리랑 아라리요 아리랑 고개를 넘어간다!"

강진(康津) 갈갈이사건

아, 그게 언제런가, 강진을 처음 찾았던 게? 필자가 MBC(문화방송)PD로 입문(入門)하던 시절이었으니까, 그게 1960년대 후반쯤의 어느날이었을게야 아마. 다큐멘터리 드라마 법창야화(法窓夜話)를 기획, 그 첫번째 이야기로 나름 비중 있는 사건 정보를 입수, 작가 최풍(崔豊)씨와 함께 찾아 온 취재길이었다. 그땐 먼지가 풀썩거리는 비포장도로였고, 뻐꾹새가 반겨주던 봄날이었던 성 싶다. 서울에서 방송쟁이들이 떴다는 소식에 강진읍내 유지들이 총출동, 진수성찬을 공궤(供饋), 따스한 남도인심(南道人心)을 절절이 맛볼 수 있었던 그날. 사건은 특종이었고, 드라마는 대박

영랑 김윤식 생가

이었것다? MBC 다큐멘터리 드라마 법창야화 제1화 강진갈갈이사건, "죄는 미워도 인간은 미워하지말라!"

아, 그렇게 잘 나갔었는데, 방송에 뜬지 사흘만에 강진 유지들께서 떼로 몰려오지 않았던가. MBC사장실을 점거, 웨치던 항의- "산자수명 인심 후한 강진에 엽기치정사건이 웬말인고!" 가까스로 강진(康津)이란 지명을 지우는 것으로 타협, '강진갈갈이사건' 대신 그냥 '갈갈이사건'으로 성난 민심을 겨우 무마했던 사연. 송구함과 부끄러움이 교차되는 기억이 아닐 수 없다. 그러니까. 이번 강진행(康津行)은 필자에겐 속죄행(贖罪行)이요, 보상행(報償行) 아니리요. 강진이 얼마나 아름다운 땅이런가! 인심은 또 얼마나 좋은데! 천년비색(千年秘色) 고려청자(高麗靑瓷)를 빚어낸 땅이요, 말랑말랑한 전라도 사투리로 이 땅 백제유민(百濟流民)은 물론 나라 잃은 백성들의 한(恨)을 흥(興)으로 승화(昇華)시킨 시인 영랑(永郎) 김윤식을 배출한 고장이요, 위리안치(圍籬安置) 18년 세월 속에 실학(實學)을 집대성한 석학 다산(茶山) 정약용의 실사구시(實事求是) 요람(搖籃) 아니런가!

영랑 김윤식(金允植)

모란이 피기까지는,
나는 아직 나의 봄을 기다리고 있을 테요. (모란이 피기 까지는, 제1련)

영랑은 우릴 사랑채로 모셔들인다. 문우(文友)들과 어울려 하늘과 땅과 꿈과 마음까지 나누었던 그 행랑채. 그의 생가는 그가 유복했던 전라도 천석꾼 대가집 아드님이었음을 보여준다.

아! 그립다/ 내 혼자 마음 날같이 아실 이/
꿈에나 아득히 보이는가. (내 마음을 아실 이. 제3련)

아, 예가 바로 영랑이 그토록 영롱한 탐미주의(耽美主義) 시편을 구워 낸 가마터 아니겠는가. 이 땅 선조들은 천년비색 청자를 빚었거니와 그대 영랑은 주옥 같은 전라도 사투리로 감칠맛 나는 시편들을 구워내 지친 영혼들을 살포시 보듬어 주었던 아름다운 사람.

들길은 마을에 들자 붉어지고/ 마을 골목은 들로 내려서자 푸르러진다
바람은 넘실 천 이랑 만 이랑/ 이랑 이랑 햇빛이 갈라지고
보리도 허리통이 부끄럽게 드러났다. (5월, 첫련)

내로라 으스대던 지사(志士) 문사(文士)들이 앞다퉈 일제(日帝) 총칼 앞에 머리를 조아리던 시절. 아, 영랑 김윤식 그대는 끝끝내 친일찬양(親日讚揚) 한 줄도 읊조리지 않았던 꼿꼿한 민족시인이었을레라. 오, 그대 영

랑이여, 사랑이 무엇이기에, 정절이 무엇이기에, 그때 그 시절 너도 나도 친일찬양 대열에 나섰건만, 그대 변학도 같은 일제를 거역하고 친일찬양 한 줄도 읊조리지 않았으니, 오! 춘향이 같은 일편단심(一片丹心)! 친일매국노 자식들이 판을 치는 요즘 세상, 그대 두 눈 부릅뜨고 굽어보시라!

사랑이 무엇이기/ 정절이 무엇이기/ 그 때문에 꽃의 춘향 그냥 옥사하단 말가/
지네 구렁이 같은 변학도의/ 흉측한 얼굴에 까물아쳐도/ 어린 가슴 달큼히 지켜주는 도련님 생각/ 오! 일편 단심 (춘향, 제3련)

호신대학보를 사랑하는 독자들이여! 우리는 그대들을 대신하여 강진을 찾았노니, 가을 뙤약볕 내리쬐는 영랑이네 담벼락에 나란히 서서 9월 하늘을 우러른다오. 춘향이 같은 시인 김영랑을 가슴에 품고 또 한장 찰칵! 삼가 우리들 마음 그대 독자들에게 전하노니, 우리 모두 전라도 땅이 낳은 멋진 남자, 그 사내 그 마음 함께 품지 않으려는가!

다산 정약용(丁若鏞)

등불 아래 한 많은 여인은/ 뒤척이며 잠 못 이루네/
그대와 이별한지 7년/ 서로 만날 날 아득하니/
살아 생전에 만나기 어렵겠지요. (寄康津謫中)

다산 귀양살이 몇해런가. 이제 그의 나이 쉰! 고향 두물머리 고향에 몸져누운 아내 해남 윤씨가 시집 올 때 입었던 빛바랜 다홍치마를 보내며 부쳐온 편지. 다산은 아내에게서 받은 그 치마폭을 여러 조각으로 재단, 고명딸에게는 매조도(梅鳥圖)를 그려주고, 두 아들에게는 인생지침서를 써 보낸다. 9남매를 낳았지만, 여섯을 잃고 달랑 남은 삼남매. 얼마나 애틋한

다산 초당

아내이며 자식이런가. 그런 저런 사연들이 깃들어 있는 하피첩. 최근 이 하피첩이 화제를 모으고 있다.

2015년 9월 14일 서울옥션이 진행한 고서경매에서 보물 제1683-2호인 정약용의 필적 하피첩이 7억5천만원에 팔렸다. 하피첩은 다산 정약용이 지난 1810년 귀양지인 전남 강진에서 부인이 보내준 치맛감에 아들들을 위해 쓴 편지를 모은 책이다.

다산 정약용, 그는 누구인가? 그는 조선 후기 실학자로 조상 가운데 연달아 9대에 걸쳐 홍문관(옥당) 벼슬을 역임, 다산을 포함하여 십세옥당(十世玉堂)이라 불린다. 정조의 지극한 총애를 받아 승승장구했으나, 왕의 갑작스런 죽음과 함께 1801년 신유사옥으로 셋째 형 약종은 순교, 둘째 형 약전은 전라도 흑산도로, 약용은 전라도 강진으로 유배하여 18년동안 귀

다산학당을 운영하고 있는 다심 윤동환과 함께

양살이. 그러나 다산은 절망하지 않고 다산초당에 은거하며 저술에 전념, 목민심서(牧民心書) 경세유표(經世遺表)등 총500권을 헤아리는 명저를 저술해 냈다.(자료출처: 한국학중앙연구원 장서각)

다산초당(茶山草堂)

다산초당 오르는 길에 만난 다심(茶心) 윤동환. 그는 다산에게 편의를 제공했던 귤림처사(橘林處士) 윤단의 6대손으로서 다산학당을 운영, 다산의 삶과 정신을 기리고 있다.

"이곳 다산초당은 실학의 산실이요, 강진은 조선후기 르네상스의 요람이라 할 수 있겠습니다. 다산을 알지 못하면 근세 한국의 사상을 말할 수 없으며, 술에 취하면 하루가 가고, 목민심서에 취하면 천년대계가 이루어집니다. 6대 조부께서는 단산정을 제공, 다산의 거처를 마련해 주셨으며, 장서 2천권과 18제자를 모아 다산이 강학하며 500여권 명저(名著)를 탄생케 했던 것입니다."

다심의 다산연구서들은 깊은 통찰력을 제공한다. 애절양(哀絶陽: 남근을 잘라버린 슬픔)은 1803년가을 다산이 강진 유배지에서 접하게 된 탐관오리의 가렴주구(苛斂誅求)로 백성들이 겪어야 했던 가슴 시린 슬픈 노래.

갈밭마을 젊은 여인 울음도 서러워라/ 현문 향해 울부짖다 하늘보고 통곡하네//
부자들은 한평생 풍악이나 즐기면서/ 한 알 쌀 한치 베도 바치는 일이 없구나/ 다 같은 백성인데 어찌하여 이다지도 불공평하단말까 (애절양)

다산은 또 당시 사회제도의 모순을 '가마꾼의 탄식'에서 통렬하게 비판하고 있다. 비록 그가 위리안치(圍籬安置) 귀양살이 신세로 전락했으나, 그는 고관대작 출신 기득권세력 아니던가. 그럼에도 불구하고 낮은 데로 임하는 다산의 마음이 민초(民草)들의 가슴을 적신다.

사람들이 아는 것은 가마 타는 즐거움 뿐
가마 메는 사람들의 괴로움은 모르고 있다네 (가마꾼의 탄식)

아, 그날 호신대학보 취재팀이 황혼의 귀로 길에 만난 영암(靈巖) 월출산(月出山)은 진정 보너스 축복일레라! 어쩜 저리도 기기묘묘 하단 말까. 어찌하여 전라도 땅은 발길 닿는 곳 마다 진경산수(眞景山水)요, 만나는 사람마다 진국이런가.

"아리랑 아리랑 아라리요 아리랑 고개를 넘어간다!"

전라도 러브 콘서트

"제5곡
순천 레퀴엠"

고무송 목사 (한국교회인물연구소 소장)

2015년 10월 23일(금요일) 오전 9시 45분, 호신대학보 〈전라도 러브 콘서트〉 취재팀은 순천역에서 다시 만났다. 미국 남장로교 호남선교의 마지막 다섯번째 교두보(橋頭堡 Mission Station)인 전라남도 순천에 서려있는 선교의 흔적과 함께 아름다운 천연자원 순천만을 비롯한 이 고장의 멋과 맛, 그리고 전통과 예술의 향기를 탐하여 찾아 든 발걸음. 짙은 사연이 켜켜이 서려있는 문향(文鄕)인지라, "에에헴, 이리 나오너라!" 거두절미(去頭截尾), "아아암, 본론으로 들어가 볼 것이여!"

미국남장로교 전라도 선교

미국 남장로교 선교사들은 첫 발걸음을 전라북도 전주(1893년)로부터 시작, 군산(1895년)을 거쳐 전라남도로 진출, 먼저 나주(1897년)를 공략했다. 그러나 그 땅 토착세력이 서양 선교사를 배척, 그 때 막 개항(開港)한 목포(1898년)로 옮겨야 했고, 그들은 다시 광주(1904년)를 거쳐 마지막 순천(1906년)까지 내려오게 된다. 그것은 그야말로 "전우의 시체를 넘고 넘어 앞으로 앞으로!" 줄기차게 밀고 나아갔던 〈죽음의 행진곡〉에 이어지는 〈레퀴엠〉(Requiem 鎭魂曲), 바로 그것이었다. 수많은 미국 남장로교 선교사들, 특히 어린 자녀들과 여자선교사들이 순교의 제물이 됐다. 전라도 지역의 열악한 환경과 풍토병 탓이었다. 그분들은 이곳 순천과 광주 호남신학교 앞동산, 전주 예수병원 뒷동산, 그리고 군산 등 그들의 발걸음이 머물렀던 곳마다 거룩한 피를 뿌렸고, 뼈를 묻었다. 지리산의 노

제5곡 순천(順天) 레퀴엠(REQUIEM) 47

고단과 왕시루봉엔 그들의 생명을 보존하기 위한 피난처가 유적으로 남아있다. (2015년6월4일 발행 호신대학보 제185호 전라도 러브콘서트 〈제3곡 지리산 판타지아〉 참조)

매산등(梅山登)

수많은 순교자를 배출, 값비싼 대가를 치르며 허위단심 순천까지 내려온 미국 남장로교 선교사들은 그들의 거점(據點)을 매산등에 펼친다. 사진작가 김수웅 장로(순천동부교회)가 들려주는 매산등 스토리텔링.

"한국의 예루살렘으로 택함 받은 순천, 그리고 그 속에 자리잡고 있는 매산등. 하나님만을 순종하며 살아온 남녘 땅 사람들이기에 순천(順天)이라 이름 지어주셨을까? 그래서 선교사들의 시선을 사로잡게 되었을까? 복 받은 땅 그 이름이 순천이요, 그 속에 자리잡아 오랜 세월을 지켜오는 매산등. 백여년 전 미국 남장로교 선교사들에 의해 매산등 언덕바지에 선교기지가 개설되면서 순천지역 복음화운동이 본격적으로 진행되고, 이를 위해 병원과 학교가 세워진 것은 이 지역의 복음화는 물론이요, 문화 예술 그리고 체육 등 모든 면에서의 발전에 절대적으로 영향을 끼친 획기적 사건이 아닐 수 없다. 이를 성취케 하신 것은 하나님의 역사라 아니 할 수 없을 것이다."

김수웅 장로가 지적한 바, 미국남장로교 선교는 교회를 중심으로 한 복음화운동과 함께 교육사업과 병원사역을 병행하는 선교사역(Mission Works)으로 펼쳐졌다. 그토록 엄청난 역사(役事)를 펼침에 있어 매산등이야말로 총체적인 복음화운동의 요람(搖籃)이었던 것이다. 그들은 이 매산등에 순천중앙교회를 세웠고, 매산중고등학교를 비롯한 배움터와 안력산병원 등을 개설한다.

순천중앙교회(順天中央敎會)

　대한예수교장로회 사기(史記)에는 순천지역 최초의 교회 순천중앙교회 창립에 관한 기록이 다음과같이 나타나있다.

　"1907년 순천읍내교회(順天邑內敎會)가 설립되다. 일찍이 최사집(崔仕集)은 조상학(趙尙學)의 전도를 인하여 믿고, 최정의는 여수 최의환(崔義煥)의 전도로 믿은 후 서문내 땅 4백여평과 가옥10여평을 매입하여 예배를 드렸다. 남장로교 선교부에서는 순천을 선교의 중심지로 정하고 가옥을 건축하며 남녀 학교와 병원을 설립하니 교회가 점차 발전된지라, 이에 1910년 선교사와 합동하여 벽돌집 40평을 신축하니라."

　1907년, 순천읍내교회로 창립된 순천중앙교회는 3년만에 현 위치에 40평 벽돌집을 건축한다. 초대 당회장에 프레스톤(Rev. J. F. Preston)목사가 시무했고, 1919년 제3대 이기풍목사가 부임함으로써 한국인에 의한 자치교회로 성장했다. 1938년 부임한 박용희목사는 교인들과 함께 신사참배를 반대하며 고난을 겪던 중 이른바 〈원탁회사건〉으로 3년 옥고를 치렀으며, 그 사건을 기화로 순천노회가 해산되고 일본기독교 조선교단 전남교구에 편입되는 수모를 겪게 된다.

　해방과 함께, 투옥된 교회 지도자들이 출옥하여 교회재건에 앞장섰고, 1946년 김상권목사가 부임하면서, 재입국한 미국남장로교 선교사들과 협력, 매산학교를 재건하는 등 성장을 거듭했다. 이어 김두칠 김순배 조원곤 문홍지 문전섭 목사 등이 시무했고, 1999년2월 임화식목사가 제16대 담임목사로 부임, 순천노회 중심교회로서의 역할을 감당하며 꾸준히 성장과 성숙을 거듭, 올해 108주년을 맞았다. 순천중앙교회는 순천노회는 물론 한국교회를 선도하는 교회로서의 역할을 감당하고 있는 바, 16년동안 교회를 섬겨오고 있는 순천중앙교회 당회장 임화식목사의 증언을 듣는다.

"교회야말로 '아픔을 먹고 자라는 나무'라 할 것입니다. 한국교회와 함께 저희 교회 역시 온갖 내우외환(內憂外患)을 겪으며 오늘에 이르렀습니다. '고난이 곧 축복'이라는 사실을 저희 교회는 물론이거니와 미국 남장로교 선교사들이 선교한 전라도지역의 교회들이 증명하고 있는 것입니다."

그렇다. 미국남장로교 선교사들이 선교부를 개설, 땀과 눈물과 순교의 피를 흘렸던 전주 군산 목포 광주 그리고 순천을 가리켜 '복음의 못자리'라 부르지 않는가. 한국교회 복음화율을 25%라고 얘기할 때, 그 통계는 전라도지역의 30-35%가 큰 비중을 차지하고 있는 것이 역사적인 사실. 상대적으로 대도시 부산 대구지역의 복음화율은 8%대에 머물고 있는 것이 대조적이다. 그러기에 흔히들 경제(經濟)는 동고서저(東高西低), 복음(福音)은 서고동저(西高東低)라 일컫지 않던가.

무진기행

순천은 작가 김승옥의 대표작 〈무진기행〉의 무대. 필자는 남장로교 순천주재 선교사였던 인휴 목사(Rev. Hugh MacIntyre Linton 1926-1984)에 의해 설립된 〈등대선교회〉(Operation Lighthouse) 회장으로 봉직하는 동안 기관지 〈등대의 빛〉을 속간, 어느날 김승옥과 단독 인터뷰를 가진 바 있다. 이미 언어를 상실한 작가였기에 필담으로 나누었던 단독회견이었다.(등대의빛 2007년 10월호 참조)

"무진은 소설을 위해 만들어낸 가상공간이지만, 실제적으로 순천이 무대 맞습니다. 이 소설에서 무진(霧津)은 혼돈, 안개, 밤 등등 모호하고 다

소 부정적인 이미지를 포함하고 있습니다. 이것은 일제의 폭압에서 벗어나 1945년 해방을 맞은 후 또다시 남북분단 아래 6.25 동족상잔(同族相殘)의 전쟁을 겪었고, 1961년 군사쿠데타 비극적 사건과도 그 맥을 함께 합니다."

옳소이다. 무진은 가상공간, 그러니까 〈무진기행〉은 작가의 고향 순천을 배경으로 한 과거로의 시간여행이다. 오욕과 비탄의 현대사 속에 펼쳐진 역사무대 순천. 그곳에서 아들 셋을 키우고 모조리 서울대학교에 진학시킨 김승옥의 어머니는 영웅으로 추앙 받는다. 그러나 그들은 모두 순천을 떠났다. 죽어 떠났고, 살아 떠나기도 했다. 순천은 그런 곳이다. 김승옥의 증언이 이어진다.

"1948년, 여덟살, 국민학교1학년 때, 이른바 여수순천반란사건이 터졌습니다. 여수에 주둔하던 국군14연대가 적화돼 토착 남로당과 함께 여수 순천 등지를 점령하고 적화활동을 시작하자 진압군이 포위, 토벌했던 사건입니다. 이 사건으로 우익좌익 수많은 사람들이 총살됐습니다. 30대 초반이던 내 아버지도 그 사건 속에서 돌아가셨습니다. 너무도 많은 사람들이 죽어나가던 시대였기에 슬퍼할 겨를도 없이 공포심 밖에 없었지만, 그러나 인간이 죽을 수 있는 존재란 사실이 절실한 나의 인생문제가 돼버렸습니다. 무진기행은 그 산물 가운데 하나라 할 것입니다."(등대선교회 발행 〈등대의 빛〉 제25호 2007여름 〈김승옥과 함께 떠나는 무진기행〉 참조)

순천만 초입, 갈대밭으로 이어지는 나무다리 입구엔 자그마한 팻말이 하나 붙어있다 - 무진교. 김승옥의 소설 〈무진기행〉 냄새를 안개처럼 피워보려는 이곳 행정 담당자의 배려였을까? 조금 떨어진 곳엔 김승옥문학관도 있다. 그것마저 이곳 출신 아동문학가 정채봉 등과 동거하고 있는 형편. 어쩐지 옹색해 보인다. 이웃 벌교 태백산맥문학관과 대비, 작가 김승옥을 아끼는 길손의 심사는 어쩔 수 없는 수심(愁心)일까? 노파심(老婆心)일까? - "작가 대접이 워젼지 쬐깨 섭섭하고먼이라우!"

벌교꼬막정식

'금강산도 식후경'이라 했던가? 더욱이나 맛의 고향 남도, 그것도 순천임에랴. 메뉴선택권을 호신대학보 김성은 편집국장과 전대(纏帶)를 맡은 총무 김 식 기자에게 맡겼다. 이구동성, 즉각적으로 합의된 오늘의 메뉴, 그것은 단연코 〈벌교꼬막정식〉이었다. 순천만 〈짱뚱어탕〉도 후보군에 오르긴 했지만, 이미 순천명물 〈팥칼국수〉로 점심을 때웠던지라, 거푸 성찬을 들 수는 없는 일 아니겠는가. 그러잖아도 오래 전에 벌교소방서장 박종식 장로(순천한소망교회)의 초청을 받아놓고 있었던 터. 2008년1월 발행 〈등대의 빛〉 표지인물로 소개됐던 그는, 그때 순천소방서 119안전센터장이었는데, 최근 보성소방서장으로 영전한 것이었다 - "일동 차렷,

벌교를 향해 출동!"

'가던 날이 장날'이라 했던가? 벌교는 '오던 날이 장날'이었다. 바야흐로 관할 보성군과 벌교읍민회가 주최하는 '벌교꼬막축제'가 벌교읍 천변과 진석리 갯뻘체험장에서 벌어지고 있는 것 아닌가. 이는 연중 다채로운 행사의 일환인 바, 이른봄부터 펼쳐지는 보성벚꽃축제, 보성녹차마라톤대회, 보성다향대축제, 보성전어축제, 서편제보성소리축제, 보성차밭빛축제 등등 헤아리기 조차 힘겨운 축제의 연속. 보성소방대장 박종식 장로의 증언이 이어진다

"벌교의 청정 뻘밭은 다양한 유기물을 함유, 꼬막맛이 쫀득쫀득하기로 유명, 전국적으로 찾아오는 손님이 많습니다. 덕분에 저희 119소방대원들은 24시간 비상대기중입니다. 국민의 생명과 안전을 지켜드리는 것이 저희들의 사명이기 때문입니다."

'벌교꼬막정식'에 잔뜩 취해버린 〈전라도 러브콘서트〉 취재팀의 엇박자 즉석 코러스!

"옳소이다! 니들이 꼬막 맛을 알아? 맛을 봐야 맛을 아는 벌교꼬막! 꼬막은 바로 이 맛이야!"

태백산맥(太白山脈) 문학관

어느해, 영국에서 선교학 PhD논문을 쓰고 있을 때, 필자는 친구로부터 〈태백산맥〉을 선물로 받았다. "어려운 논문 쓰면서 틈틈이 읽으면 좋겠다"는 쪽지편지가 곁들였다. 그럴 요량으로 펼쳤것다. "아, 요것 좀 보거라!" 그 책은 푸접거리로 읽어볼만한 책이 아니었다. 논문은 뒷전으로 밀쳐둔 채 밤을 새워 독파해야 했던 책, 그게 〈태백산맥〉이었다. 지리산 자락 벌교에서부터 시작, 전라도 땅에 녹아내린 한국 현대사의 아픔을 고스란히 그려내고 있는 대하소설. 김성은 편집국장의 변.

"아, 이토록 장엄한 작품인 것을! 그냥 읽으면서는 이 소설의 진면목을 잘 몰랐습니다. 이번에 작품의 무대 벌교를 답사하면서, 저희들이 낳고 자란 우리들의 전라도 땅이 얼마나 중요한 역사의 현장인가 절감케 됐습니다. 제 키 보다 더 높은 집필원고. 새삼 작가의 노고에 옷깃을 여미게 됩니다."

이곳 남녘땅에 나돌고있는 여기 사람들 이야기가 무슨 함의(含意)일까? 새삼 반추(反芻)케 된다.

"벌교 가서 주먹자랑 말고, 순천 가서 인물자랑 말고, 여수 가서 돈자랑 말더라고 잉!"

채동선(蔡東鮮) 음악당

해거름 귀로(歸路) 길, 호신대학보 〈전라도 러브 콘서트〉 취재팀은 보성의 보물 〈채동선음악당〉을 찾아들었다. "등잔 밑이 어둡다" 했던가? 속담 그대로, 이곳 사람들도 채동선을 잘 모른다. 그는 홍난파 현재명 계정식과 함께 한국근대 서양음악 4대작곡가. 필자는 한동안 〈채동선 음악인생〉을 도큐멘터리 평전(評傳)으로 기록해 보고자 그의 고향 벌교를 비롯, 그가 묻혀있던 미아리 공동묘지, 서울 성북동 그의 옛 집터, 국립도서관에 깊숙이 담겨 있는 기록들, 그리고 그에 관한 희귀자료들을 수장하고 있다는 지허(指墟)스님(금둔사주지)까지 추적, 대담을 갖기도 했다. 그때 수집했던 작곡가 채동선의 작품목록은 기악곡, 독창곡, 교성곡(交聲曲), 합창곡, 한국민요 편곡과 채보(採譜) 등 무려 47곡을 헤아리는 것이었다. 아, 벌교가 낳은 위대한 작곡가 채동선! 우리는 CD에 담겨있는 정지용 시 채동선 작곡(Op.5 No.1)의 인기가곡 〈향수〉(鄕愁)를 들으며 전라도의 맛과 멋에 젖어 벌교 땅을 떠나야 했다. '짧은 만남 긴 여운'을 가슴 속 깊이 깊이 간직한 채!

넓은벌 동쪽 끝으로/ 옛 이야기 지줄대는 실개천이 휘돌아 나가고/ 얼룩백이 황소가 해설피/ 금빛 게으른 울음을 우는 곳/ 그곳이 참아 꿈엔들 잊힐리야…

전라도 러브 콘서트

"제6곡
여수 랩소디"

고무송 목사 (한국교회인물연구소 소장)

2015년11월20일(금요일)오전6시30분, 필자는 행신역발 여수행 KTX 남행열차에 몸을 실었다. 종점에서 종점으로 달리는 급행열차. 호신대학보 〈제6곡 여수 랩소디〉 현장답사 취재길. 가을이 무르익어 겨울문턱을 넘고있는 차창 밖 스산한 풍경 속에 스마트폰 문자 메시지가 마음을 두드린다.

축도 순서 전에 한 말씀 드리겠습니다. (중략)그 동안의 모든 일에 대해서 책임을 통감합니다. 따라서 오늘 부로 저는 아무런 조건없이 순천중앙교회 담임목사직을 사임합니다. 여기까지 인도해 주신 하나님과 그동안 사역을 위해 도와주시고 기도해 주신 성도 여러분께 감사드립니다. 하나님의 크신 축복과 은총이 우리 교회와 성도 여러분께 풍성히 임하시길 기원합니다. 성도 여러분, 사랑합니다.

바로 지난달 호신대학보 〈전라도 러브 콘서트〉 시리즈 〈제5곡 순천레퀴엠〉 첫머리에 등장했던 임화식목사의 고별사(告別辭). 그날 취재팀은 그가 16년동안 섬기고 있는 이 지역 모교회(母敎會) 순천중앙교회 108년 역사의 뒤안길, 그 진솔한 이야기를 그로부터 경청하지 않았던가. 아, 그런데 그게 진정 레퀴엠(Requiem 鎭魂曲)이 될 줄이야!

여호와께서 아브람에게 이르시되 너는 너의 고향과 친척과 아버지의 집을 떠나 내가 네게 보여줄 땅으로 가라. (중략) 아브람이 하란을 떠날 때에 칠십오세였더라. (창세기12:1,4b)

이순(耳順)의 연치(年齒)에 16년이나 섬겼던 정든 교회를 '아무런 조건(條件)없이' 잠잠히 떠나는 임화식목사의 모습. 그것은 꼭 칠순(七旬)에 '정처(定處)없이' 고향 떠났던 아브라함의 모습과 오우버랩(overlap). 〈여수(麗水)랩소디(Rhapsody)〉, 광시곡(狂詩曲)의 서막(序幕)은 그렇게 올려졌다.

손양원목사 삼부자(三父子) 순교

여수를 찾은 취재팀은 맨 먼저 애양원의 손양원 목사 삼부자 순교무덤을 참배했다. 우리는 묵상기도(默想祈禱) 속에 초대교회 교부 터툴리안

손양원 목사 순교기념관 방문

(Tertullian 155-220)의 메시지를 마음에 새겨야 했다.

순교자의 피는 교회의 씨앗이다.
(The blood of Martyr is a seed of the Church.)

순교의 피가 흥건히 적셔진 전라도 땅, 그러기에 전라도는 거룩한 땅이요, 그 땅은 '복음의 못자리'가 될 수 있지 않았겠는가. 전라남도 여수시 율촌면 신풍리. 여수공항과 이웃하여 바다를 굽어보고 있는 나지막한 동산. 그곳에 손양원목사와 그의 아들 동인 동신 삼부자(三父子)가 잠들어 있다. 호신대학보 김성은 편집국장은 그 바다 건너 마주 보이는 광양(光陽) 출신. 여수-순천-광양은 순교의 피로 엉켜진 복음의 트라이앵글(Triangle 三角地帶). 김국장은 증언한다.

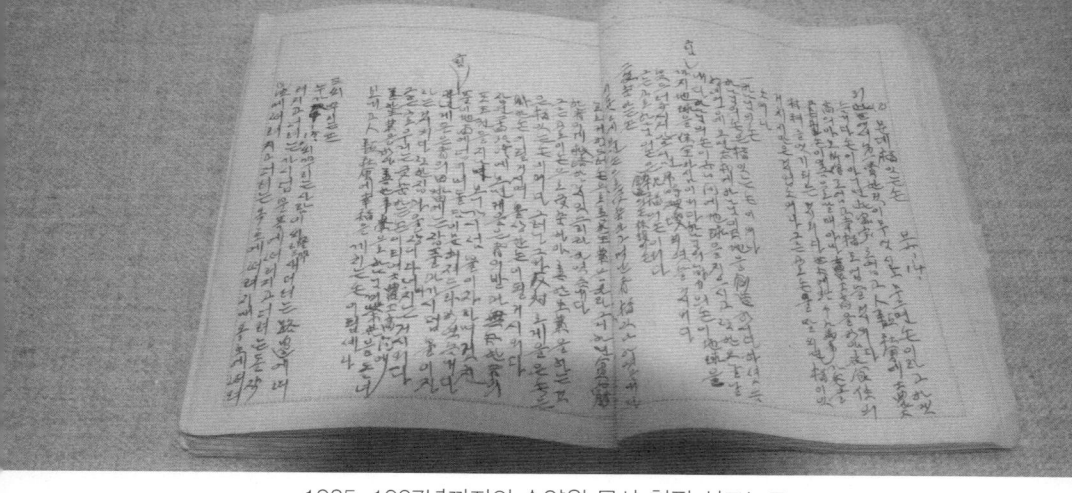

1935-1937년까지의 손양원 목사 친필 설교노트

　이 땅은 한국 현대사의 비극을 잉태한 참극의 현장이었습니다만, 이젠 2000년 기독교 역사 속에 순교금자탑(殉敎金字塔)을 쌓은 거룩한 성소(聖所)로 찬란하게 빛나고 있잖습니까. 저의 부친도 바로 저 건너편 광양에서 교회를 섬기고 있습니다만, 오늘 저는 신혼의 아내와 순교무덤 앞에 서게 되니까, 거룩한 순교의 피가 흥건히 배어있는 전라도 땅에 태어난 축복에 무한 감사를 드리며, 새삼 옷깃을 여미게 됩니다. 아울러 부끄럽지 않은 하나님의 종이 될 것을 다짐케 되는 것입니다.

　-"아멘!" 취재팀 일동, 마음을 모아 힘차게 화답(和答). 그렇다. 이 땅 거민(居民)들은 고려태조(高麗太祖)의 훈요십조(訓要十條) 이래 오늘에 이르기까지 소외(疏外)된 백성(百姓)이라는 변방의식(邊方意識)을 떨쳐버릴 수 없었던 게 사실(事實). 그것은 또한 역사적 사실(史實) 아니던가. 여수순천반란사건(麗水順天反亂事件)만해도 그렇다. 그걸 이젠 여순사건(麗順事件)이라 칭한다만, 1948년, 조국 광복의 열기가 채 식기도 전, 한반도는 분단고착화(分斷固着化) 작업이 가속화되면서, 북쪽은 인민공화국(人民共和國), 남쪽은 대한민국(大韓民國) 정부를 각각 수립하기에 이른다. 그해 10월19일, 여수주둔 제14연대의 남로당 출신 반란사건이 터졌고, 그때 순천에서 공부하던 손양원목사의 두 아들 동인과 동신은 '예수쟁이'

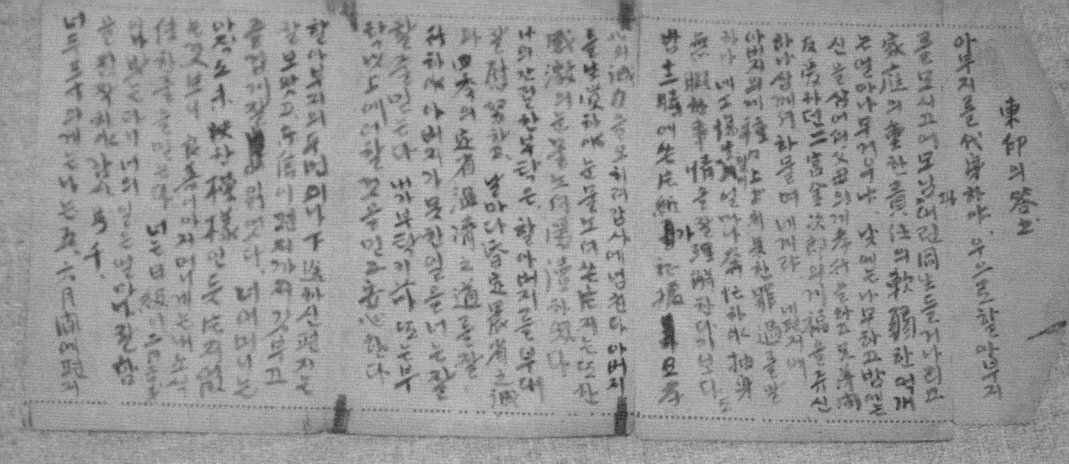

손양목 목사 아버지 손종일 장로, 그리고 아들 동인이와 주고 받은 옥중 편지들

라는 이유만으로 총살됐고, 그 아비는 두 아들 죽인 안재선을 친아들로 입적(入籍)했으니, 이는 세계 순교역사에 그 유례(類例)를 찾기 힘든 위대한 신앙고백. 마침 대강절(待降節), 주님 오심을 기다리며, 삼가 두렵고 떨리는 마음으로 위대한 님을 기리노라.

"한 알의 밀이 땅에 떨어져"

아, 지긋지긋했던 일제36년, 그 한 많은 세월 속에 한국교회는 얼마나 끔찍한 수난을 겪어야 했으며, 이곳 순천노회는 또 얼마나 큰 수모를 겪었던가! 신사참배(神社參拜) 반대했던 손목사는 여러 해 옥고를 치러야 했고, 애양원교회는 또 얼마나 수난을 겪어야 했던가. 그랬거늘, 1945년8월15일 해방의 감격도 잠시, 1950년 6월 25일 북한공산군의 남침으로 촉발된 동족상잔(同族相殘)의 한국전쟁. 애양원교회는 놀란 가슴을 부여안고 긴급공동회의를 열어 손목사를 제주도로 피신시킬 것을 만장일치 가결했다. 희생이 불을 보듯 뻔했기 때문. 어렵사리 손목사를 배에 태워 바다에 띄웠겠다. 저 만큼 멀어지는 배에서 손목사, 그만이야 바다 속으로 뛰어내려 갖고는 교인들에게 이르는 말씀 좀 들어보거라! 판소리 서편제 진양조 가락이요, 랩소디(Rhapsody 狂詩曲) 아니겠는가!

성도 여러분들이여, 목자가 양을 버리고 도망가서야 어디 쓰겠습니까? 그럴 수는 없는 것이여. 우리 모두 살아도 같이 살고, 죽어도 같이 죽읍시다요! 고것이 예수님 모습 아닌가비여. 안 그렇소?

그렇게 교회를 사수(死守)하던 손양원목사. 그는 1950년 9월 13일 공산군에 체포됐고, 9월 28일 여수 미평 과수원에서 총살로 순교의 제물이 됐으니, 향년 48세. 여수애양원에 순교기념관이 건립됐고, 최근 묘소 일원 성역화 작업을 마쳤다. 그 성소(聖所)를 떠나 여수 돌산으로 향하는 〈전라도 러브 콘서트〉 취재팀, 아름다운 돌산대교를 넘으며 잠잠히 예수님의 말씀을 묵상했다.

내가 진실로 진실로 너희에게 이르노니 한 알의 밀이 땅에 떨어져 죽지 아니하며 한 알 그대로 있고 죽으면 많은 열매를 맺느니라. (요한복음 12:24)

수군작전지휘총사령부(水軍作戰指揮總司令部)

"금강산도 식후경(食後景)"이라 했던가. 여수신흥교회 이사현목사와 김정광장로가 취재팀을 기다리고 있다. 돌산명물 갓김치 뷔페정식 점심을 마련해 놓았다는 것. 아니나 다를까, 여수인심은 넘치도록 풍성했다. 육해공(陸海空) 산해진미(山海珍味)가 한 상 가득했다.

콤퓨터를 검색해보니까, 그게 1995년 10월. 그때 필자는 한국기독공보 편집국장을 역임하던 시절, 여수신흥교회 초청을 받아 심령부흥사경회를 인도했더란다. 기억이 희미한데도, 진수성찬 메뉴만큼은 선명하게 떠오른다. 아침에도 생선, 점심에도 생선, 저녁에도 생선- "생선이 최고야!" 그때 들은 얘기론 남해 청정해역의 거문도에서 낚시로 낚아 올린 생선을 가장 높이 쳐준다 했다. 그때 문득 〈전설따라삼천리〉 특집으로 제작했던 뮤지컬 드라마 '거문도 뱃노래'(극본 구석봉)를 기억하게 됐더란다. 예로부터 거문도 뱃사람들은 여름 한철 울릉도를 찾아가선 배 한 척을 만들어 가지고 고향으로 돌아오곤 했었다는 전설 같은 이야기. 신비롭지 않은가. 거문도와 울릉도가 해류(海流)로 연결된다 했다. 이래저래 여수(麗水)야말로 이름 그대로 아름다운 물의 도시! 남해-서해-동해 삼면(三面)이 바다로 둘러싸여있는 반도조선(半島朝鮮). 그 바다를 지켰던 영웅 충무공 이순신 장군의 숨결이 깃들어 있는 여수, 이 나라 수군작전지휘총사령부(水軍作戰指揮總司令部) 아니던가.

진남관(鎭南館)과 선소(船所)

진미(珍味)로 충전(充塡), 전열(戰列) 재정비한 취재팀, 김정광 장로 인솔, 진남관(鎭南館)을 찾다.

여수시 곳곳에 충무공 이순신 장군과 얽힌 명소들이 많이 있습니다만, 진남관이야말로 전라좌수영의 본영으로서 충무공 이순신장군의 수군작전지휘총사령부라 할 수 있습니다. 국보 제304호로서 우리나라에서 서울 경복궁 경회루에 이어 두번째로 큰 목조건물입니다. 망해루(望海樓)에 오르면 여수야말로 남해 일대를 한 눈에 굽어볼 수 있는 작전 요새라는 사실을 실감케 됩니다.

진남관은 정면 15칸, 측면 5칸의 팔작지붕 건물로서, 역시 해군 작전지휘총사령부 다운 그 위용(偉容)에 압도된다. 천하명장 충무공 이순신 장군 지휘하에 웨쳐대는 수군들의 함성을 뒤로한 채, 우리 취재팀은 발걸음을 재촉, 선소(船所)를 찾았다. 이사현 목사의 설명이 이어진다.

여수는 손양원목사님을 비롯한 기독교순교 성지(聖地)임과 동시에 충무공 이순신 장군의 활약이 크게 떨쳐졌던 구국(救國)의 성지(聖地)이기도 합니다. 전라남도에 충무공에 관련된 유적지 155개소가 있습니다만, 여수에 45개소나 있어, 가장 많습니다. 이곳 선소는 무기제조 기지로서, 임진왜란 당시 거북선을 만들었던 조선소(造船所)였습니다. 나지막한 산으로 둘러 싸여있는 자연의 요새로서, 적에게 노출되지 않을 뿐더러 태풍과 파도를 피할 수 있는 천연피항(天然避港)이 되는 곳입니다.

망중한(忙中閑)

망중한(忙中閑)이라 했던가. 아예, "바쁠수록 쉬어가라"는 속담도 있으렷다! 예부터 이곳 남도(南道) 양반 선비님네들이 즐겨 쓰던 말 아니던가. 〈전라도 러브 콘서트〉 취재팀의 일정은, 여러가지 사정상 하룻길로 이뤄져야 하기 때문에 강행군(强行軍)을 면키 어려운 실정. 그래, 〈여수 랩소디〉 취재도 빠듯한 일정인지라 서두를 수 밖에. 그래서 마악, 선소를 빠져나와 오늘의 마지막 일정을 서두르고 있는데, 안내하던 이사현목사 스마트폰 음성에 가벼운 진동이 감지된다.

고목사님, 은파교회 고만호목사님 전화신데, 취재팀을 저녁식사에 초대하시겠답니다.

마침 교회가 멀지 않은지라, 우리는 인사차 방문, 잠시 차 한잔의 대화를 나누기로 했다.

제가 동행해야 되는데, 내일 주일에 교회 큰 행사가 있어 준비하느라, 자리를 뜰 수가 없어서요. 고무송목사님, 호신대학보 지면에 〈전라도 러브 콘서트〉를 연재, 우리 전라도가 보유하고 있는 신앙의 유산과 문화에

술 자산 등을 발굴, 호신대 학우들에게 자긍심(自矜心)을 심어주셔서 고맙습니다.

고만호 이사장님께서 취재팀을 초청, 호신대학보 애독자임을 확인시켜 주시니 큰 격려가 됩니다. 젊은 기자들이 애써 만든 이 신문이 보다 널리, 보다 많은 사람들에게 읽혀진다면 더욱 좋겠습니다.

이사장과 기자들과의 커피 한잔의 대화. 그것은 보너스 축복 아니겠는가. 플러스(+) 격려 금일봉까지! 소문 그대로, '은파카페' 커피 맛은 진짜 진짜 일품이었다.

순교자 윤형숙 전도사

어둠이 내리는 귀로(歸路), 취재팀은 순교자 윤형숙 전도사 묘소를 찾아 참배했다. 오석(烏石)에 새겨진 묘지명(墓誌銘)이 뉘엿거리는 석양볕에 검붉은 빛을 발한다.

왜적에게 뺏긴 나라 되찾기 위해 왼팔과 오른쪽 눈도 잃었노라. 일본은 망하고 해방되었으나 남북 좌우익으로 갈려 인민군의 총에 간다마는 나의 조국 대한민국이여 영원하라.

윤전도사는 1900년 9월 13일 화양면 창무리 출생, 순천성서학원을 수료했으며, 광주수피아여학교 입학, 1919년 3.1만세운동에 가담, 일본 경찰에 체포, 병영에 유폐됐으나 탈출, 원산마루다신학교 수학후 전주기전여학교 사감을 역임. 고창교회 전도사 겸 유치원 강사. 이후 여수제일교회, 중앙교회, 봉산교회 전도사, 봉산학원 교사를 역임하다가 6.25동란중 인민군에게 체포, 1950년 9월 28일 여수시 미평 과수원에서 손양원목사 등과 함께 순교했으니 향년50세. 그날 더불어 함께 희생된 순교자들이여!

　윤형숙전도사(여수제일교회) 손양원목사(애양원교회) 조상학목사(덕양교회) 지한영전도사(율촌장전교회) 지준철성도(지한영전도사 장남) 허상용집사(돌산읍제일교회) 황도백집사(우학리교회) 곽은진성도(우학리교회) 안경수성도(우학리교회) 백인수성도(우학리교회)

　다시 순천역, KTX 상행열차에 오르는 필자를 향해 호신대학보 이명숙 기자는 당부를 잊지 않는다.

　저는 제주도 출신입니다. 역사적으로 제주도가 전라도에 속한 땅이었다는 게 자랑스럽습니다. 우리가 취재하면서 밟는 전라도 땅마다 순교자의 피가 흥건히 적셔있는 거룩한 땅입니다. 고목사님, 한가지 부탁이 있는데요, 〈전라도 러브 스토리〉 시리즈에 제주도를 포함시켜 주시면 고맙겠습니다.

　노벨상과 퓰리처상을 수상한 미국 극작가 유진 오닐(Eugene O'Neil 1888-1953)의 〈밤으로의 긴 여로〉(Long Day's Journey into Night). 필자는 월1회 호신대학보 기자들, 젊은 그들과 함께 〈전라도 러브 콘서트〉 시리즈 취재를 위해 경기도 행신역 출발 KTX 새벽 첫차로 전라도 여행을 떠난다. 만만찮은 답사취재여행길, 그러나 기쁘다. 아주 즐겁다. 오늘도 취재를 마치고 오르는 길, 〈밤으로의 긴 여로〉 속에 명멸(明滅)하는 무수한 불빛. 그 불빛 따라 노래 하나 띄운다. 내 젊은 날, 본래 독일어로 된 노래를 쎄시봉 윤형주가 번안(飜案), 통기타를 튕기며 불러서 크게 유행했던 노래. 그 노래를 지금은 독일 브레멘(Bremen)에 살고 있는 나의 작은딸의 큰딸, 그러니까, 사랑하는 외손녀 서현이가 중학교(GYMNASIUM)에서 배우고 있다는 〈두개의 작은별〉(Zwei Kleine Sterne)!

저 별은 나의 별/저 별은 너의 별/별빛에 물들은 밤같이 까만 눈동자/저 별은 나의 별/저 별은 너의 별/아침 이슬 내릴 때까지/별이 지면 꿈도 지고/슬픔만 남아요/창가에 지는 별들의 미소…

전라도 러브 콘서트

광주특집 "무등산 소나타"

고무송 목사 (한국교회인물연구소 소장)

 2015년 봄 연주를 시작한 〈전라도 러브 콘서트〉는 제1곡 〈목포(木浦)의 눈물〉을 비롯, 제2곡 〈영광(靈光)블루스〉, 제3곡 〈지리산(智異山)판타지아〉를 연주, 수준 높은 관객들(호신재학생)의 환호 속에 연주를 계속, 제4곡 〈강진(康津)아라리요〉, 제5곡 〈순천(順天)레퀴엠〉, 그리고 제6곡 〈여수(麗水)랩소디〉를 연주했습니다. 이제 2016년을 맞아 애청자들의 열렬한 앙코르 속에 〈광주특집 무등산(無等山)소나타〉를 연주코자 합니다. 소나타(sonata)는 다양한 주제를 변주하는 음악형식. 제1주제 예술(4월), 제2주제 정신(5월), 제3주제 순교(7월)를 버무려 멋진 변주곡을 연주할 계획입니다. 이를 위해 호신대학보는 Workshop을 통해 공동취재단을 구성, 현장취재활동을 펼친 바 있습니다. 애독자 여러분의 사랑과 참여를 기대합니다 〈편집자〉

　●공동취재단: 김성은(단장/편집국장) 박경환(부국장/신대원3) 김식(총무/신대원2) 김영광(신대원3)
　이명숙(신대원3) 정다은(신학부2) 김성하(신학부2) 정지은(신학부1) 전원동(전 편집국장)
　●대표집필자: 고무송목사(한국교회인물연구소 소장)

제7곡 예술혼(藝術魂) 만만세

2016년 3월 18일(금요일) 오전 10시, 호신대학보 기자들은 카페 다디오에서 만나 뜨거운 모닝 커피를 나눴다. 공동취재단장 김성은 편집국장의 취재일정 설명에 이어 이원길 문화해설사의 브리핑을 청취했다. 우리는 봄비 흩날리는 양림동산을 거닐었다. 〈전라도 러브 콘서트〉 광주특집을 위한 공동취재단의 첫 발걸음이었다.

광주특집 〈무등산 소나타〉 취재를 위해 기도하는 〈전라도 러브 콘서트〉 공동취재단

김현승 기념비(호남신학대학교)

제1주제 다형(茶兄) 김현승

시인 김현승이 봄비를 맞고 있다. 은가루처럼 흩날리는 봄비를 맞으며, 그는 커피잔을 기울이고 있었다. 얼마나 커피를 즐겼으면 아예 '다형'(茶兄)이란 아호(雅號)를 가졌을꼬? 그것은 어쩌면 커피 아닌, 의재(毅齋) 허백련(許百鍊)이 무등산 자락에서 키워낸 춘설차(春雪茶) 아니었을지 몰라. 수상한 시 한 수(首)가 눈에 띈다.

가을은/ 술보다/ 차 끓이기 좋은 시절….// 갈가마귀 울음에/ 산들 여위어가고//

씀바귀 마른 잎에/ 바람이 지나는,// 남쪽 십일월의 긴긴 밤을.// 차 끓이

며/ 끓이며/
　외로움도 향기인 양 마음에 젖는다. (김현승, 무등차茶)

　하긴, 그게 커피면 어떻고 무등산 춘설차면 또 어떠랴. 비록 양(洋)의 동서(東西)를 달리할지언정 모두가 땅에서 자라고 피어난 낭구에서 피어오르는 향(香)인 것을. 아무튼 그는 일제(日帝)를 비웃듯 한껏 멋을 부리며 양림동산에서 애국심(愛國心)과 시심(詩心)을 함께 키워냈던 모더니스트(modernist). 무등산 자락의 향기가 물씬 배어나는 다형 김현승. 그를 기리는 시비(詩碑)가 호신대학에 자리하고 있는 이유일레라. 이원길 문화해설사의 스토리텔링이 봄비에 젖어든다.

　"김현승 시인은 왜놈들에게 나라를 빼앗겨 있던 1913년4월4일 아버지 김창국과 어머니 양응도 사이에서 6남매중 차남으로 부친의 신학 유학지 평양에서 태어나 7세때 목사였던 부친의 목양지 전라도 광주 양림동산으로 이주, 숭일학교에 입학, 바로 이 동네에서 어린시절을 보내게 됩니다."

　본교 송인동교수(영어,언어학)의 다형론(茶兄論)을 경청한다.

　"다형은 1934년 약관의 나이에 장시 두편 '쓸쓸한 겨울 저녁이 올 때 당신들은' '어린 새벽은 우리를 찾아온다 합니다'를 양주동 교수의 소개로 동아일보에 발표함으로써 등단합니다. 그러나 신사참배거부로 일본경찰에 체포, 고초를 겪으면서 절필(絶筆). 해방과 함께 모교인 숭일학교 초대 교감으로 취임하면서 중단했던 시작활동(詩作活動)을 계속했던 투철한 기독정신의 민족시인이었습니다."

82세의 고령에도 붓을 잡던 의재 허백련(춘설헌 화실)

제2주제 의재(毅齋) 허백련

예향남도(藝鄕南道) 남종화(南宗畵)의 상징으로 의재 허백련을 꼽는데 주저함이 없다. 그는 미(美)와 도(道), 인격(人格)과 화격(畵格)의 합일적 경지를 지향하며 남종화의 새로운 경지를 일궈낸 거장(巨匠)으로 칭송된다. 추사 김정희(1786-1856), 소치 허련(1808-1893), 미산 허형(1862-1938)으로 이어지는 남종화의 맥을 계승, 민족정신을 강조하고 실천했던 사회교육가이기도 했다.

지난 2월 11일 필자는 광주MBC사장을 역임한 김포천 이사장의 안내를 받아 본교 김진영(목회상담학)교수와 함께 의재미술관을 찾아 직헌(直軒) 허달재 이사장으로부터 전라도 화맥(畵脈)을 경청했다.

"의재는 광주에 터를 잡고 무등산 자락의 화실 춘설헌에서 예술혼을 불태우며 제자들을 키워냈습니다. 그는 한국전통회화 화단은 물론 호남남종화 화단의 큰 축으로서, 추사 김정희 제자이자 전라도 남종화 화단의 뿌리인 진도 운림산방을 세운 소치 허련의 방계 후손으로 진도에서 태어났습니다. 그곳에 정배(定配)된 무정 정만조에게서 한학(漢學) 시문(詩文) 서예(書藝)를, 미산 허형으로부터 그림을 배웠습니다. 이후 신학문을 접하고 일본유학을 거친 그는 운림산방 화맥을 남농 허건과 더불어 이어받았습니다. 그러기에 '광주의 의재' '목포의 남농'이란 말로 불릴만큼 전라도의 화단은 지금도 그 제자들에 의해 화맥이 이어지고 있습니다."

호신대학보는 이미 2015년4월2일자(본보 제183호) 〈전라도 러브 콘서트〉 제1곡 〈목포의 눈물〉 보도를 통해 〈전라도의 영광〉 칼럼에 남농기념관 방문기를 남겨놓은 바 있다. 그리고 2016년3월18일 오후, 호신대학보 공동취재단은 무등산 자락에 자리잡고 있는 의재미술관을 방문, 김병헌 학예실장으로부터 브리핑을 청취했다.

"허백련 선생님의 그림과 다향(茶香)이 머무는 작은집 의재미술관은 건물 자체가 한 폭의 산수화입니다. 전시관 입구에서부터 휴식공간까지 이어지는 여섯폭 병풍 모양의 유리창은 무등산의 경치를 끌어들여 사계절을 언제나 감상할 수 있도록 했습니다. 또한 미술관 내 전시실은 작은 계단과 통로를 따라 자연스런 동선으로 연결되는데, 반투명한 경사로는 마치 무등산을 오르는듯한 느낌을 주며, 자연을 거스르지 않는 의재 선생님의 인품을 그대로 담아냈습니다."

광주비엔날레 이사장을 두차례 연임한 김포천 전 광주MBC사장의 광주예찬론은 예향(藝鄕) 광주를 그윽하게 품고있는 무등산과 어울어져 의재 허백련의 산수화처럼 두둥실 떠오른다.

판소리 명창 임방울

"광주는 뭐니뭐니해도 자타가 공인하고 있는 바 문화수도(文化首都)입니다. 그 중심에 무등산이 있고, 무등산 속엔 의재 선생님이 계십니다. 무등산(無等山)은 이름 그대로 '등급(等級)이 없는 산' 아니겠습니까. 홍익인간(弘益人間)이요, 민주주의(民主主義)요, 경천애인(敬天愛人)의 정신을 품고있다 할 것입니다. 의재 선생님의 고매한 인격과 심오한 화풍 속에 그 뜻이 고스란히 녹아져 있어, 산속에 사람이 있고 사람 속에 산이 있다 할 것입니다."

제3주제 임방울(林芳蔚) 쑥대머리

예향(藝鄕) 전라도를 이야기할 때 판소리를 빼놓을 수 없다. 판소리는 한 명의 소리꾼과 한 명의 고수(鼓手)가 청중들과 함께 음악적 이야기를 엮어가는 마당극이요, 한국판 뮤지컬. 국가중요무형문화재 제5호로 지정돼 있으며, 유네스코 인류문화유산으로도 등재돼 있다. 그만큼 세계적으로 그 가치를 평가받고 있는 문화유산. 판소리는 전라도, 충청도, 경기도에 이르는 넓은 지역에서 전승되고 있는 바, 전라도 동북지역을 동편제(東便制), 서남지역을 서편제(西便制), 경기 충청지역의 판소리는 중고제

(中古制)라 부른다. 소리꾼 김내홍목사(광주첨단영락교회)의 판소리 특강을 경청한다.

"동편제는 발성을 무겁게 하며 소리의 꼬리를 짧게 끊고, 굵고 웅장한 맛이 있습니다. 한편 서편제는 발성을 가볍게 하며 소리의 꼬리를 길게 늘이고 정교한 맛이 있습니다. 아무튼 판소리야말로 구성진 전라도 사투리로 엮어가는 한국판 오페라라 할 것입니다. 모든 계층이 두루 즐길 수 있는 예술로서 이를 통해 지배층과 피지배층이 서로의 생각을 조절했다는 점에서 사회적 조절과 통합의 기능을 담당할 수 있었기에, 특별히 소외된 지역인 전라도 땅에서 많은 사랑을 받았던 것 같습니다."

그날, 호신대학보 공동취재단이 〈전라도 러브 콘서트〉 취재에 나섰던 그날 말이다. 봄비를 맞으며 양림동 일대 취재를 마친 일행은 맛있는 〈풍성한 한식집〉에서 따뜻한 청국장으로 나른한 한낮의 피로를 달랠 수 있었다. 그때 갑자기 요란한 박수소리와 함께 판소리 굿판이 벌어졌다. 공동취재단 기자 가운데 빼어난 소리꾼이 있었으니, 신학부2년 정다은 기자가 그 주인공. 다소곳 자리에서 일어나 예를 갖추더니만 판소리 춘향가 중 〈쑥대머리〉 한 대목을 불러제키는 것 아닌가.

"쑥대머리 귀신 형용, 적막 옥방 찬 자리에 생각느니 님뿐이라. 보고지고 보고지고 한양 낭군 보고지고. 오리정 이별 후로 일자수서(一字手書)를 못 봤으니, 부모봉양 글공부에 겨를이 없어서 이러는가. 연이신혼(宴爾新婚) 금실우지(琴瑟友之) 나를 잊고 이러는가."

판소리 연주를 가리켜 일고수이명창(一鼓手二名唱)이라 하렸다. 그만큼 고수의 비중을 강조한다는 말일레라. 그녀의 소리는 고수 없는 무반주건만 예사롭지 않다. 이원길 문화해설사의 코멘트.

"대단합니다. 어린 학생의 소리가 놀랍게 다듬어져 있습니다. 본래 쑥대머리는 판소리 춘향가 가운데 클라이막스를 이루는 중요한 대목입니다. 수청을 들라는 변사또의 추상같은 명령을 거부, 감옥에 갇혀 쑥대머리 형용으로 고통을 받으면서도 끝내 절개를 굽히지 않았던 춘향의 모습을 노래한 대목입니다. 이는 일제시대 광주를 중심으로 활동했던 임방울의 절창(絶唱)으로서, 고통 속에서도 절개를 지켰던 춘향의 모습이 무등산 자락 민초(民草)들의 자화상(自畵像)이라 여기며 동질감(同質感)을 형성, 광주 사람들에게 크게 사랑을 받았던 판소리 한마당 쑥대머리였던 겁니다."

임방울(林芳蔚1904-1961)은 광주시 도산동에서 태어난 세습예인(世襲藝人). 판소리 명창 김창환의 조카이자 명창 김봉이 김봉학 형제의 외사촌. 어려서부터 소리꾼으로 이름을 날리더니, 26세때 〈쑥대머리〉를 크게 히트, 그의 콜럼비아레코드 음반은 한국은 물론 일본 중국 등지에서 20여만장 판매를 기록했다 하니, 당시 축음기 보급율과 견주어 볼 때, 엄청난 일이 아닐 수 없다. 임방울은 무등산이 배출한 판소리 명창으로서 한 시대를 풍미(風靡)했던 걸출한 인물이 아닐 수 없다.

아아,
빛고을 광주(光州)여,
무등산(無等山)이여,
예술혼(藝術魂) 만만세!

전라도 러브 콘서트

광주특집 "무등산 소나타"

고무송 목사 (한국교회인물연구소 소장)

제8곡
아아, 광주여 무등산이여!

2016년 3월 18일(금요일) 오후 2시, 호신대학보 기자들은 국립5.18민주묘지를 참배, 최순택 안내요원의 브리핑을 청취했다.

"이 곳은 1980년 5월, 이 땅의 민주주의를 위해 애쓰다 돌아가신 분들이 잠들어 계신 곳입니다. 당시 희생자들은 시립묘지 제3묘역에 묻혀 계셨다가 5.18묘지가 조성되어 1997년 이곳으로 이장했습니다. 이후 2002년도에 국립묘지로 승격된 바 있습니다."

최순택 안내요원은 호신대학보 기자들의 5.18민주화운동에 대한 질문에 보다 상세한 설명을 덧붙여 주었다.

"1979년 10월 26일 박정희 대통령의 서거로 18년동안이나 지속됐던 군사정권통치가 막을 내렸습니다. 온 국민은 오랫동안 열망해왔던 민주화가 실현될 것으로 기대했습니다. 그러나 전두환을 앞세운 신군부 세력은 12.12군사반란을 일으켜 국민들의 민주화 열망을 짓밟았습니다. 이에 광주시민들은 죽음을 무릅쓰고 맨주먹으로 폭거 항의시위에 나섰습니다. 그렇지만 장갑차를 앞세운 계엄군의 M16총탄에 힘 없이 쓰러져야 했습니다. 5월21일 오후1시경, 계엄군의 집단발포로 많은 시민들이 희생되자, 광

사랑도 명예도 이름도 남김없이...

주시민들은 목숨을 지키기 위해 스스로 무장, 금남로에 모여들었습니다. 항쟁기간 동안 165명의 민간인이 사망했고, 행방불명400여명으로 신고됐습니다. 폭행 고문 등 후유증으로 인한 사망자는 다수였으며, 부상자와 연행자는 4,300여명에 이르렀습니다. 이러한 아픔은 온 국민의 민주화운동에 대한 열망으로 부활하여 우리나라의 민주주의를 성장시키는 원동력이 됐던 것입니다."

민주화운동(民主化運動)

1980년 신군부의 언론탄압에 대항하여 제작거부(制作拒否)에 참여한 활동과 관련하여 고무송PD가 1980년 7월 19일 ㈜문화방송(MBC)으로부터 강제해직된 사실은 민주화운동 관련자 명예회복 및 보상 등에 관한 법률 제2조 제2호 라목, 제1호 규정에 의거, 민주화운동을 이유로 해직된 것으로 인정함.

위의 문서는 〈민주화운동 관련자 명예회복 및 보상심의위원회〉라는 긴 이름을 갖고 있는 위원회가 필자에게 보내준 공식문서의 한 대목이다. 필자는 1980년 7월 19일, 13년동안 프로듀서로 근무했던 문화방송(MBC)으로부터 이유도 모른 채 강제해직 당했는데, 21년이 경과한 2001년 명예회복 및 보상조치가 이뤄진 것이다. 당시 〈한겨레신문〉은 이 사실을 다음과 같이 보도했다.

〈민주화운동 관련자 명예회복 및 보상심의위원회〉는 (2001년11월)13일 회의를 열고 지난1980년 문화방송(MBC) 재직시 계엄령철폐와 언론검열 전면거부 등에 동참, 신군부에 의해 강제해직된 고무송(60) 현 기독공보사장 등 147명을 민주화운동 관련자로 인정했다. 이는 21년만의 조치였다.

그렇다. 1980년 5월, 광주에서 불타올랐던 5.18민주화운동의 햇불은 요원의 불길처럼 전국 각계 각층으로 확산, MBC를 비롯한 언론계로도 번져나가 신군부에 맞서 제작거부로 표출됐던 것이다. 이에 신군부는 전국적으로 언론인 712명, 그리고 MBC에선 77명을 강제해직 조치했다. 그로부터 21년이 경과, 그 중 147명만 민주화운동 관련자로 '인정'을 받게 된 것이다. 감히 누구라서 '인정'(認定) 조치를 내렸다는 말인가. 정부의 형식적이고도 일방적인 구호에 그친 요식행위가 아닐 수 없는 것이었다. 허나, 비록 미흡하기 이를 데 없는 처사였으나, 그나마 역사적 심판이라 여겨 수용

치 않을 수 없는 역사의 아이러니(historical irony)여! 최순택 안내요원의 설명이 이어진다.

"2016년 3월 18일, 오늘 현재 이곳엔 738위(位)를 안장, 그 가운데엔 1980년 5월 18일부터 27일까지 열흘동안의 격렬한 저항 속에 산화한 165위, 그리고 그 이후 부상자 4,632명 중 사망자 등이 포함돼 있습니다. 여기 앞쪽에 모신 분은 영혼결혼식을 올려드린 윤상원·박기순 묘소입니다."

"산 자여 따르라!"

1982년 2월 망월묘역. 마지막 순간까지 전남도청을 사수하다가 숨진 윤상원과 들불야학 창설의 주역으로 함께 활약했던 박기순 ― 이들 두 사람의 영혼결혼식(靈魂結婚式)이 행해졌다. 5.18광주민주항쟁으로 스러져간 넋을 위로하는 원풀이였다. 그때 소설가 황석영이 백기완의 시 '묏 비나리'에서 몇 구절을 따서 노랫말로 바꾸고, 대학가요제에서 '영랑과 강진'이란 노래로 상을 받은 노래꾼 김종률이 곡을 붙였으니, 그게 바로 '임을 위한 행진곡'.

사랑도 명예도 이름도 남김없이/ 한평생 나가자던 뜨거운 맹세//
세월은 흘러가도 산천은 안다/ 깨어나서 외치는 뜨거운 함성//
앞서서 나가니/ 산 자여 따르라/ 앞서서 나가니/ 산 자여 따르라//

필자는 2016년 4월 19일, 4.19혁명 제56주년이 되는 날 늦은 밤, 이 글을 적고 있다. 누구라서 읊었던고, '4월은 잔인한 달'이라고! 세계 유일 민족분단의 한반도가 맞고있는 이 4월은 스산하다. 북녘땅 핵위협이 고조되는 가운데, 남녘에선 13일 총선혁명, 16일엔 세월호의 아픔, 19일은 '4.19혁명' 56주년. 다시 찾아오는 5월엔 '5.18광주민주항쟁' 31주년. 어찌 4월만

윤상원 박기순의 묘

'잔인한 달'이라 이르겠는가. 5월의 광주 금남로엔 아직도 그날의 뜨거운 함성이 먹먹할 터. 5.18민주묘지에선 '임을 위한 행진곡'을 제창(齊唱)으로 부를 것인가? 합창(合唱)으로 부를 것인가? 21세기 백주 대낮의 블랙코미디(black comedy) 정치굿판이 또다시 펼쳐질 것인가? 차라리 햄릿의 독백을 읊어야 하지 않겠는가! "사느냐, 죽느냐, 그것이 문제로다!" (To be, or not to be, that is the question!)

아아 광주여, 민족의 십자가여!
(Gwangju, Cross of Our Nation!)
아아, 광주여 무등산이여/ 죽음과 죽음 사이에/ 피눈물을 흘리는/
우리들의 영원한 청춘의 도시여// 우리들의 아버지는 어디로 갔나/
우리들의 어머니는 어디서 쓰러졌나/ 우리들의 아들은/

제8곡 아아, 광주여 무등산이여! 83

어디에서 죽어 어디에 파묻혔나/ 우리들의 귀여운 딸은/
또 어디에서 입을 벌린 채 누워 있나/ 우리들의 혼백은 또 어디에서/
찢어져 산산이 조각나버렸나// (하략)
(김준태, 아아 광주여, 우리나라의 십자가여)

김준태는 땅끝마을 해남산(海南産)으로 전남일보 신춘문에 당선작 〈참깨를 털면서〉로 등단한 시인. 그는 조선대학교 독어독문학과를 졸업, 전남고등학교와 신북중학교 교사, 광주매일신문 문화부장, 조선대학교 초빙교수 등을 역임한 무등산인(無等山人). 고교교사 재직시 5.18광주민주항쟁의 참상을 소재로 하여 광주를 예수(Jesus Christ)와 불사조(不死鳥)라 노래한 시를 썼다는 이유로 군사정권에 의해 강제해직을 당한다. '나는 하느님을 보았다' '국밥과 희망' '불이냐 꽃이냐' '칼과 흙' 등 그의 시심(詩心) 깊은 곳엔 무등산 등때기 마냥 뻗어 내린 굽이 굽이 고달픈 민족의 눈물이 흥건히 고여있다. 아아, 질기고도 서글픈 반만년 고단한 역사여! 불의와 폭압에 항거했던 불굴의 저항정신이여! 검붉은 황토 땅 '개땅쇠' 전라도 민초(民草)들의 모질고도 질긴 역사여!

해상왕국청해진(838-851)-백제부흥운동(1236-1237)-삼별초대몽항쟁(1270-1273)-임진왜란의병활동(1592-1598)-동학농민혁명(1894)-3.1독립만세운동(1919)-광주학생독립운동(1929)-4.19혁명(1960)-5.18광주민주항쟁(1980)

그날, 1980년 5월 18일! 피맺힌 〈5.18광주민주항쟁〉 10일동안의 피로 얼룩진 기록이여!

피로 물든 광주/계엄군광주투입(5/18)-물러설 수 없는 광주/잔혹한 진압군과 광주시민의 분노(5/19)-일어서는 광주/차량시위와 광주시민들의 저항(5/20)-총을 든 광주/계엄군 집단발포와 광주시민들의 무장(5/21)-똘

똘 뭉친 광주/주먹밥으로 하나된 광주시민(5/22-5/25)-죽음 앞에 선 광주/고립과 죽음을 넘어(5/26)-죽음으로 저항한 광주/"광주시민 여러분, 계엄군이 쳐들어옵니다!"(5/27)

5월의 기록, 인류의 유산

5.18광주민주화운동은 1980년 5월, 불의한 신군부세력의 정권찬탈 음모와 학살만행에 맞섰던 광주시민들의 의로운 항쟁이었다. 외부와 고립된 채 처참하게 진압당한 5.18광주민주화운동은 이후 진상규명, 책임자처벌, 명예회복, 피해자보상, 기념사업 등을 줄기차게 요구해 온 전 국민적인 뜨거운 5월운동을 통해 마침내 승리의 역사로 부활했다.

2011년 5월 25일, 유네스코(UNESCO)는 5.18광주민주화운동 기록물을 세계기록유산으로 등재했다. 이 기록물은 5.18의 발발과 진압 그리고 진상규명과 명예회복 과정에서 정부, 국회, 군대, 시민과 단체, 미국정부 등에서 생산된 자료들로서, 5.18민주화운동기록관(5.18 Archives)을 설립, 영구보존 하게 된 것이다. 5.18광주민주화운동은 배달겨레와 온 세계 인류 역사 속에 영원히 기억될 것이다.

전라도 러브 콘서트

광주특집 "무등산 소나타"

고무송 목사 (한국교회인물연구소 소장)

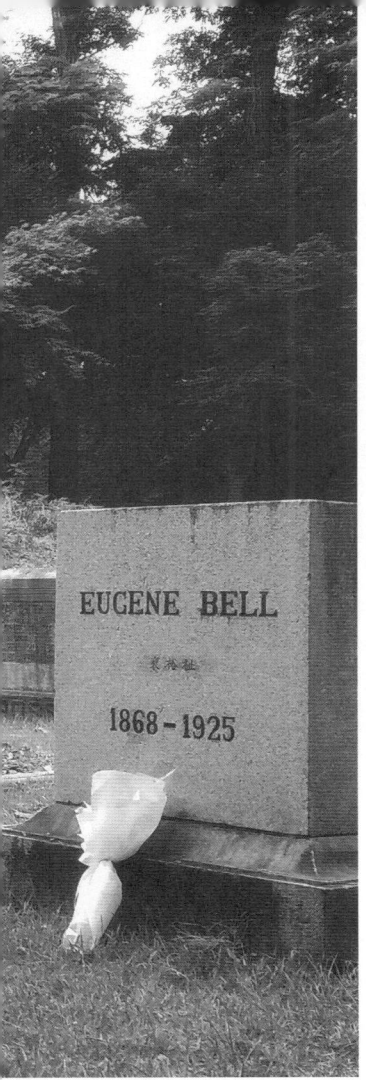

제9곡
전우의 시체를 넘고 넘어

2016년 3월 18일, 그날 양림동산엔 비가 내리고 있었다. 호남신학대학교 구내 양림동산 선교사묘역에 오른 호신대학보 기자들은 이원길 문화해설사의 우중(雨中) 브리핑을 경청했다. 빗물에 섞여 울려지는 그의 목소리는 차라리 통곡이었다.

"이 동산에 오를 때마다 저는 6.25때 곧잘 불렀던 노래가 생각납니다. "전우의 시체를 넘고 넘어 앞으로 앞으로" 그렇게 시작되는 가사입니다. 낙동강까지 후퇴했던 국군이 유엔군의 도움으로 진격, 서울을 탈환하고 압록강까지 전진하며 불렀던 군가(軍歌). 그것은 진정 전우의 시체를 넘고 넘어야 했던 피맺힌 행군이었습니다. 여기 양림동산에 묻힌 22인의 미국 남장로교 선교사님들은 우리들의 전우(戰友)입니다. 이 땅 민초(民草)들을 살리기 위해 거룩한 피를 뿌리며 골고다 언덕을 올랐던 순교자였습니다. 그들이 진정 사랑했던 여기 전라도 땅에 고귀한 순교자들이 지금 잠들어 계십니다."

그렇다. 양림동산 선교사묘역 성역화 작업에 혼신의 힘을 기울였던 차종순 전 총장은 그가 집필한 보고서에서 이렇게 증언하고 있다.

호남신학대학교 선교사 묘역에서 이원길 문화해설사의 현장중계

양림동에 묻힌 22명의 미국인(22 Americans Buried at Yangrimdong)
한국에서 순교한 선교사들의 이야기(Stories about Missionaries martyred in Korea)

　호남신학대학교 구내 양림동산 언덕에는 1895년 한국에 선교사로 와서 나주, 목포, 광주에 선교부를 세우고 30년간 한국의 복음화를 위해서 살다가 주님의 품에 안긴 유진 벨(Eugene Bell 배유지) 목사의 묘를 위시한 선교사들과 그분들의 부인과 자녀 그리고 친척 등 22분의 미국인 묘가 있다. (중략) 이 분들의 선교와 순교가 우리에게 다시 한번 귀하게 느껴지는 정신은, 복음을 위한 사명의식, 과감하게 부닥치는 도전정신, 죽을 때까지 맡은 일을 수행하는 순교정신, 남편과 아내와 자식마저 앞서 보내는 희생정신이다. 그래서 이 묘역은 호남 기독교인의 영적 성지(聖地)이며, 미래 목회자들에게 소리 없이 말하는 침묵의 증언지(證言地)인 것이다.

선교사 묘역으로 올라가는 고난의 길

미국남장로교 전라도선교

1884년 알렌을 비롯, 1885년 언더우드에 의해 주도된 미국북장로교 한국선교는 서울과 평양 대구 등 대도시를 중심으로 활발하게 전개됐다. 그로부터 8년이 지난 1892년, 미국남장로교 선교사들이 한국에 상륙, 선교활동을 펼치게 된다. 미국 장로교는 원래 하나였으나, 1860년 노예문제로 남북전쟁이 일어나면서 교회가 분열, 북장로교와 남장로교로 갈라졌던 것. 그 이후 123년만인 1983년 통합이 이뤄짐으로써 현재는 미국장로교회((PCUSA:The Presbyterian Church in the USA)가 됐다.

미국남장로교 한국선교는 전킨(W. M. Junkin 전위렴)을 비롯한 이른바 '7인의 선발대'가 한국에 상륙함으로써 시작된다. 1892년10월18일의 일이었다. 그때 이미 한국에는 미국북장로교를 비롯, 호주장로교와 캐나다장로교 선교사들의 선교사역이 진행되고 있는 형편. 이에 그들은 사역의 중복을 피하기 위해 1893년1월 예양협정(禮讓協定)을 체결, 선교지를 분할하게 된다.

미국북장로교: 서울+평안도+황해도+경상도북부지역// 미국남장로교: 전라도+충청도서해안지역 카나다장로교: 함경도// 호주장로교: 경상도남부지역

예양협정에 따라 미국남장로교 선교사들에겐 전라도선교가 허용됐다. 이 땅이 허락된 것은 그때까지 그 지역엔 선교사의 발길이 미치지 못했기 때문이었다. 그 이유는 전봉준의 동학농민혁명운동이 그곳 호남지역에서 발발했고, 흉년과 풍토병 등으로 인해 선교사들의 안전이 보장될 수 없었기 때문이었다. 당시 전라도선교는 전라북도와 전라남도 및 제주도 그리고 충청도 일부 지역을 포함한다. 이 지역이 선교에 있어 무주공산(無主空山)이었으나, 황폐한 불모지(不毛地)였던 것이다.

'복음의 못자리'

미국남장로교 전라도선교는 당시 전라도의 중심이었던 전주로부터 시작된다(1893년). 이후 군산을 거쳐(1895년), 전라남도 나주를 공략하게 된다(1897년). 그러나 나주 유지들의 반발로 철수, 때마침 개항한 목포에 선교기지를 확보하게 되는 것이다(1898년). 그리고 광주로 진출(1904년), 남도선교의 센터로 삼게 된다. 이어서 마지막 거점 순천으로 영역을 넓힌다(1906년). 그 선교 발걸음 속에서 미국남장로교 선교사들은 엄청난 희생의 대가를 치르게 된다. 이원길 문화해설사의 현장설명이 이어진다.

"남장로교 선교사들의 선교확장은 피로 얼룩진 발자취라 할 것입니다. 전주예수병원 앞 뜨락에도 선교사들의 무덤이 있고, 군산, 목포, 순천 등 가는 곳마다 그들은 고귀한 목숨을 바쳤습니다. 미국남장로교 선교사들의 투철한 순교정신은 물론, 남북전쟁에서의 패망한 그들의 패배감이 전라도 사람들의

선교여행을 떠나는 배유지 선교사와 하위렴 선교사

변방의식(邊方意識)과 어쩌면 정서적으로 맞아떨어졌던 것은 아니었을까 여겨지는 것입니다. 아무튼 전라도선교는 미국남장로교 선교사들과 전라도 민초(民草)들이 서로 의기투합(意氣投合), 발맞춰 "전우의 시체를 넘고 넘어 앞으로 앞으로" 전진했던, 진정 피로 얼룩진 발자취였던 것입니다."

양림동산에 묻힌 22명의 면면을 살펴볼 때, 목사(3명) 의사(1명) 간호사(2명) 여선교사(1명) 선교사부인(5명) 선교사 자녀(7명) 선교사 친척(3명) 등으로 분류되는 바, 결국 부인과 자녀들의 희생이 컸음을 본다. 당시 미국남장로교에서 파송한 선교사들 가운데 아프리카 보다 조선에 파송된 선교사 자녀들의 사망률이 더 높았던 것으로 나타나 있는 것이다. 오죽했으면 미국남장로교 선교본부로부터 조선선교 철수명령이 내려졌겠는가. 그러나 남장로교 선교사들은 조선의 전라도 땅에 뼈를 묻을지언정 결코 미국으로 철수하지 않겠다고 천명, 철수명령을 거부하기에 이른다. 거룩한 항명(抗命)이었다.

대안으로, 전염병이 창궐하는 여름 한철, 전라도 지역에서 가장 높은 지리산(智異山) 노고단(老姑壇)과 왕시루봉을 생명피난처로 삼았던 것이다. 그 유적이 지금도 남아있는것이다. (본보 제185호 2015년6월4일자 〈전라도 러브 콘서트〉 제3곡 〈지리산 판타지아〉 참조)

필자는 남장로교 선교본부(Mission Station)가 세워졌던 전주·군산·목포·광주·순천을 가리켜 '복음의 못자리'라 일컫는다. 이 지역의 복음화율이 평균 30%를 웃돌기 때문이다. 보통 한국복음화율을 25%라고 얘기한다. 그 통계 속엔 호남지역 복음화의 기여가 크다 할 것이다. 왜냐하면 영남지역 대구, 부산의 경우 복음화율 8%정도 수준이기 때문이다. 그러기에 물질적인 축복의 경우, 동고서저(東高西低)라 하고, 영적인 축복의 경우 서고동저(西高東低)라 표현된다. 동은 영남이요, 서는 호남을 가리킨다. 교부 터툴리안(Tertullian 150-220)의 선포는 전라도선교의 정곡(正鵠)을 찌른다.

―순교자의 피는 교회의 씨앗이다.
(The blood of martyr is a seed of the church.)

필자는 한국개신교 최초순교자 토마스목사(Rev. R. J. Thomas 1839-1866)의 생애와 선교사역을 주제로 선교신학박사학위(PhD) 논문을 집필한 바, 예수님의 말씀으로 그 논문의 결론을 삼았다.

―한 알의 밀이 땅에 떨어져 죽지 아니하면 한 알 그대로 있고
죽으면 많은 열매를 맺느니라. (요한복음12:24)

유진벨(Eugene Bell 배유지): 전라도 선교의 아버지

유진벨(1868-1925)은 1894년 루이빌신학교를 졸업, 목사안수와 함께 학장

의 딸(Lottie Ingram Witherspoon)과 결혼, 1895년 한국에 도착, 어학연수를 시작으로 선교사역에 나섰다.

1925년 9월 28일 그가 광주에서 소천(召天), 양림동산에 묻힐때까지 30년 동안 선교활동, 목포와 광주선교를 개척했고, 첫째와 둘째 부인을 잃는 등 환난신고(患難辛苦)가 극심했지만 이를 극복, 마지막 순간까지 한국을 사랑했다. 유진벨 선교사의 한국파송 100주년을 기념, 후손들에 의해 유진벨재단이 설립됐으며, 북한의 결핵퇴치사업을 비롯 인도적 차원의 의료지원사업을 활발하게 전개하고 있다.

유진벨의 생애 가운데 결코 잊혀질 수 없었던 사건, 그것은 1919년 3.1독립 만세운동이 일어났던 그 해, 그는 아내와 함께 미국의 후원자가 보내준 승용차를 제물포세관에서 찾아 직접 운전, 제암리교회를 방문, 교인들을 학살한 일제의 만행을 세계에 알리고자 현장을 답사했다. 그리고는 광주를 향한 귀로(歸路)에 경부선 열차와 충돌, 뒷좌석에 타고있던 부인을 현장에서 잃게되는 참변을 겪었던 것이다. 그는 평생동안 아내를 교통사고로 잃은 데 대한 회한(悔恨)을 지울 수 없었던 것이다. 그 해 성탄절, 미국남장로교 선교본부에 보냈던 그의 편지는 우리들 가슴을 흥건히 적신다.

―금년은 슬픈 성탄절이 될 것입니다. 점점 더 아내가 그리워짐을 감출 길 없습니다. 지금도 그 끔찍했던 사고의 망상이 떠오르고, 그 엄청난 기차가 다가올 때 몇 인치만 앞으로 더 나아갔더라면 얼마나 좋았을까 하는 상념에 사로잡히곤 합니다. 그날 우리는 얼마나 행복했으며, 이렇게 끔찍한 일을 만나게 되리라 어찌 꿈엔들 상상할 수 있었으리요. 도무지 이해할 수 없지만, 사랑하는 하늘 아버지께서 모든 일을 합력하여 선을 이뤄주실 줄 믿습니다.
주여, 긍휼을 베풀어 주옵소서. 아멘!

전라도 러브 콘서트

"제10곡 '진도 아리랑'"

고무송 목사 (한국교회인물연구소 소장)

2016년 8월 4일, 필자는 KTX종점 경기도 행신발 목포행 새벽6시 첫 기차에 몸을 실었다. 호신대학보 〈전라도 러브 콘서트〉 9월호 신문연재를 위한 취재약속. 08시34분 광주송정역엔 전원동기자(전 편집국장)가 대기, 우리는 곧장 진도를 향해 자동차에 시동을 걸었다. 목포를 거쳐 땅끝마을 해남을 지나자 눈앞에 딱 버티고 서있는 우람한 진도대교. 진도아리랑이 나그네를 맞는다.

  노다 가세 놀다나 가세 저 달이 떴다 지도록 놀다 가세
  만나니 반가우나 이별을 어이해 이별이 되랴거든 왜 만났던고
  아리아리랑 쓰리쓰리랑 아라리가 났네 아리랑 응응으응 아리리가 났네

진도, 보배로운 섬

진도(珍島)는 이름 그대로 '보배로운 섬'이다. 전통 문화유산 진도아리랑을 비롯, 미술관만해도 소치기념관을 비롯 남도전통미술관, 장전미술관, 나절로미술관, 소전미술관, 심지어 진돗개까지 챙길 것이 너무 많다. 그러나 필자가 진도를 찾게된 주된 뜻은 삼별초(三別抄) 때문이다. 삼별초는 고려 후기 13세기 중엽의 경찰 전투부대. 최우(崔瑀)집권 때 순찰업무를 띠고 편성된 최씨무신정권의 군사적 기반이 된 야별초가 좌별초, 우

삼별초 항쟁 현장 용장산성에서

별초로 나뉜 다음 몽고에 포로로 잡혀갔다가 탈출한 자들로 구성된 신의군이 포함, 재편됐다. 이들은 고려가 몽고에 대항하던 시절, 항몽(抗蒙) 세력의 주축으로 활약했는데, 원종11년(1270년) 고려 왕실이 몽고에 항복, 항몽의 본거지였던 강화도를 버리고 개경으로 환도, 삼별초를 해산하려 하자 배중손(裵仲孫) 휘하 군졸들이 강화도로부터 전라도 진도로 작전상 후퇴, 그곳에 용장산성을 쌓고 저항했던 것이다.

-〈전원동기자 질문〉 왜 하필이면 진도였을까요?
-〈필자 대답〉 전라도 진도땅이 길지(吉地)니까요.

현문우답(賢問愚答). 그러나 일리(一理)는 있잖겠는가. 진도야말로 전략적(戰略的) 요충지(要衝地).

1) 진도는 한반도 서남해안(西南海岸)을 장악, 서울로 향하는 전라도 경상도 세곡선(稅穀船)의 조운로(漕運路)를 확보할 수 있음. 9세기 신라 장보고(張保皐)는 이웃 완도에 청해진(淸海鎭)을 설치, 해적을 소탕하고, 신라-당-일본을 잇는 중계무역을 독점, 막강한 해상왕국을 건설했던 역사적 사실.

2) 진도엔 풍부한 논밭과 어장이 있어 넉넉한 군량미(軍糧米)를 확보할 수 있음.

3) 민심(民心) 온후(溫厚)하며, 삼별초 군인 가운데 전라도 출신이 많아 선무공작(宣撫工作) 용이함.

젊은 시절 필자는 역사학도로서 우리 역사 가운데 민족의 자주독립을 지키기 위해 당시 세계를 제패했던 천하무적 몽고대제국에 맞서 최후순간까지 항쟁을 벌이다 장렬한 최후를 맞았던 삼별초의 항몽혈전(抗蒙血戰)을 공부하면서 젊은 피가 용솟음쳤던 시절이 있었다. 필자가 서울사대 역사과 2학년이었던 1960년, 독재타도를 외치며 4.19혁명 데모대열에 참여, 경무대앞 체포, 서대문형무소에서 옥고를 치러야했던 1960년 4월 19일. 그날 우리는 국사학 변태섭 교수로부터 삼별초 항몽항쟁을 공부했고, 그 정신에 힘입어 용수철마냥 데모대에 뛰어들어 스크럼을 짜고 독재타도를 외치며 청량리-동대문-종로를 거쳐 광화문을 통과, 경무대(현 청와대) 앞까지 진출했던 것이었다.

그리곤 많은 세월 지나 MBC PD로 활동하던 시절, 필자는 〈전설따라삼천리〉 프로그램 취재차 제주도 일대를 답사하던중 삼별초가 몽고군과 맞서 최후 혈전을 벌였던 제주도 항파두리에 들렀었다. 이제 막 성역화작업을 시작하고 있는 그곳을 보면서, 여기가 바로 이스라엘 맛사다(Masada)라고 생각되는 것이었다. 유대인 960명이 7년동안이나 세계 최강 로마군에 항전, 전원 자결로써 선민(選民)으로서의 자긍심을 지켜냈던 유대인

성지(聖地). 지금도 이스라엘 군인들은 마지막 훈련에서 반드시 맛사다를 오르며, 유대인들은 애국심을 호소할 때 "기억하자 맛사다!"(Remember Masada!)를 외친다. 진도 용장성과 제주도 항파두리가 바로 우리 배달민족의 맛사다 아니겠는가.

진도 용장산성

세월은 흘러 2016년8월4일, 필자는 호신대학보 전원동 기자와 함께 진도 용장산성(사적제126호)을 찾았다. 아무도 알아주지 않는 밋밋한 비산비야(非山非野), 8월 한낮의 태양만 이글거리는데, 성역화작업을 통해 빚어놓은 삼별초 군인들이 말에 올라 칼을 휘두르고, 활 시위를 당기며 혈투를 벌이고 있는 모습들. 왠지 애처롭다. 그때, 진도에 상륙한 삼별초군은 승화후(承化候) 온(溫)을 왕으로 추대, 이곳 고군면 용장리 일대에 궁궐과 산성을 구축, 세력을 확장, 전라도 경상도 서남해안 일대와 남해, 거제, 제주 등 30여개 섬을 장악하고, 해상왕국을 건설했다. 삼별초군은 남해안을 통해 서울로 연결되던 세곡선(稅穀船) 조운로(漕運路)를 차단, 재정기반도 든든히 했던 것이다.

그러나 1270년 11월, 몽고와 고려 연합군은 대규모 정벌군을 투입, 진도 용장산성 공격을 감행해왔다. 삼별초군은 1271년5월, 7개월여에 걸친 항전을 마감해야 했다. 삼별초 장수 김통정은 피맺힌 한을 품고 남은 군사를 이끌고 제주도 항파두리로 떠나야 했고, 그곳에서 장렬하게 최후를 맞는다. 한편 삼별초가 추대했던 온 임금은 피난길에 스산한 최후를 맞았으며, 그의 무덤으로 전해지는 묘소가 진도군 의신면 사천리 속칭 '왕무덤재'에 쓸쓸히 남아있다. 문득 작가 정비석의 '산정무한'(山情無限) 마지막 글귀가 생각남은 웬일일까?

용장산성 삼별초 항몽충혼탑

-천년사직(千年社稷)이 남가일몽(南柯一夢)이었고, 태자 가신지 또다시 천년이 지났으니, 유구한 영겁(永劫)으로 보면 천년도 수유(須臾)런가. 고작 칠십생애(七十生涯)에 희로애락(喜怒哀樂)을 싣고 각축(角逐)하다가 한 움큼 부토(腐土)로 돌아가는 것이 인생이라 생각하니, 의지 없는 나그네의 마음은 암연(暗然)히 수수(愁愁)롭다.

운림산방

운림산방(雲林山房)

-인생은 짧고 예술은 길다.

누구라서 그런 말을 했을꼬? 아마도 용장산성을 거쳐 운림산방을 찾아오는 이라면 누구라도 그렇게 말할 수 있으리라. 운림산방(雲林山房) ― 조선 후기 화가 소치 허련이 말년에 창작활동을 펼치던 곳으로, 허련, 허형, 허건, 허문, 허준 등 이른바 소치 5대를 배출한 요람. 1856년 스승인 추사 김정희가 작고한 이후 허련은 고향인 진도로 내려와 이 터전을 일궜다. 이웃 쌍계사 상록수림(천연기념물 제107호)이 있는 첨철산이 병풍처럼 둘러 서있어 운치를 더해 주고 있는 운림산방은 밤낮으로 그 숲에 안개가 피어오르는 모습을 보고 지어졌다고 전해진다. 가히 '진도 제1경'이라 불릴만큼 아름답고 그윽하다. 연못 한가운데 피어난 배롱나무 붉디 붉은 꽃망울이 제철을 만난 듯 요염하다. 운림산방 화실에는 소치(小痴) 허련(1809-1893)을 비롯 미산(米山) 허형(1862-1938) 남농(南農) 허건(1908-1987) 임인(林人) 허림(1917-1942) 그리고 남도화단의 거목 의재(毅齋) 허백련(1891-1977) 등등 내로라 하는 거장들의 걸작품들이 전시돼 있다.

　호신대학보는 이미 〈전라도 러브 콘서트〉 제1곡 목포의 눈물(2015.4.2.제183호)에서 목포소재 남농미술관 방문기를 리포트했으며, 지난 학기엔 광주특집 '무등산 소나타' 제7곡 예술혼만만세(2016.4.7.제189호)를 통해 허백련 화백을 소개한 바 있다. 운림산방은 이들 남종화 화맥의 본산이요 거인들의 요람인 것이다. 2011년 8월 문화재청이 국가지정문화재 명승 제80호로 등재했다.

아아, 팽목항

　2014년4월16일, 진도군 조도면 부근 해상에서 인천발 제주행 연안 여객선 '세월호'가 침몰했다. 탑승자 476명 중 295명 사망, 172명만이 구조됐다. 단원고학생4명, 단원고교사2명, 일반인3명 등 9명의 시신은 아직도 수습하지 못한 채 바닷속에 남아있다. 세월호는 일본에서 18년 동안이나 운항했던 선박. 2012년 청해진 회사가 도입, 선미 증축 개조작업 등을 거친 후 2013년1월부터 인천-제주 항로에 투입했던 것인데, 미증유 참사를 빚은 것이다. 아, 무심한 세월은 흘러 어느새 2년반!

　정부는 지난해 8월부터 중국의 '샹하이샐비지'라는 해상 구난업체에 맡겨 인양작업을 진행하고 있는 형편. 올해 7월까지 인양을 마칠 계획이었지만, 2016년8월4일 그날도 팽목항엔 기별이 없었다. 참사현장이 300Km 밖 먼 곳에 있다는 설명뿐. 이날에도 팽목항에는 많은 참배객들의 발길이

아아, 팽목항의 하늘나라 우체통

이어지고 있었다. 〈세월호팽목분향소〉엔 참배객들의 오열이 그치질 않는다. 295위 영정이 모셔진 분향단엔 생전에 고인들의 손때가 묻어있는 고무신 운동화 가방 구두 새우깡 볼펜 꼬깔콘 등등 수많은 유품과 애장품들이 놓여 있어 참배객들의 눈시울을 적신다. 아직도 바닷 속에 남아있는 9명의 영정사진, 애잔한 구호가 적힌 노란색 빛 바랜 리본들만이 무심한 해풍에 나부끼고 있었다.

-미수습자를 가족 품으로! 세월호 참사 결단코 잊지 않겠습니다.
-세월호 인양하여 진실을 꼭 밝혀주세요. 어찌 잊을손가 세월호 참사를!

우리는 방명록에 겨우 추모의 글 몇자 남겨놓곤 총총히 팽목항을 떠나야 했다. 왠지 살아있음이 부끄러움이라 여겨지는 것이었다. 그런데 이건 또 웬 일? 진도아리랑이 우리들 발목을 잡는다.

왜 왔던고 왜 왔던고 울고 갈 길을 내가 왜 왔던고
만나니 반가우나 이별을 어이해 이별이 되랴거든 왜 만났던고
다려가오 날 다려가오 우리 님 뒤따라서 나는 가네
아리아리랑 쓰리쓰리랑 아라리가 났네 아리랑 응응으응 아라리가 났네

글/고무송(한국교회인물연구소 소장)
사진/전원동(전 호신대학보 편집국장)

전라도 러브 콘서트

"제11곡
'엄마야 누나야 나주(羅州)살자'
"

고무송 목사 (한국교회인물연구소 소장)

'나주땅 그사람'

―나주땅에 가거들랑 그사람을 만나세요. 그사람이라면 나주땅의 모든 걸 들려줄 거에요. 전화해 두었으니께 기다리고 있을겝니다. 금성관 앞, 하얀곰탕집 옆, 까만 뮤직홀 예가체프랍니다.

'나주땅 그사람'은 누굴까? 달랑 김포천 선생님(전 광주MBC사장) 말씀 한마디 들고 찾아나선 '나주땅 그사람'. 상강(霜降)-찬서리 내린다는 절기가 겁났던가. 집사람이 챙겨준 바바리코트가 고맙다. 새벽바람이 차갑다. 광주송정역 플랫폼엔 전원동기자가 뜨거운 커피를 들고 기다린다.

―고목사님 좋아하시는 아메리카노! 뜨겁습니다. 첫차로 오시느라 수고하셨어요.
―전기자 고맙네요. KTX가 수고했지요 뭐. 2년 동안이나 이렇게 신세를 져서 어쩌나.

그가 호신대학보 편집국장 시절, 필자를 끌어들였다. 그래, 동업자가 돼 전라도땅 구석구석 뒤지고 다녔던 세월이 어느새 두 해가 지난 것이다. 그러노라니 커피 간까지 들켜 버렸다.

―마지막 학기지요? 취재하랴, 공부하랴, 평화 키우랴, 전도사하랴…

―그러노라 9년만에 겨우 졸업할 것 같습니다만, 원체 공불 못해놔서…

경기도 태생인 그가 전라도 아내 만나 말투까지 달라졌다. "어쩐지 전라도가 좋구먼유!"

―아아, 여깁니다 여기요. 어서 오세요 어서요. 원로에 오시느라 수고했어요.

'나주땅 그사람'이 주차장까지 나와 기다리고 있잖은가. 수인사(修人事)에 내미는 노란 명함이 예사스럽잖다- (사)문화공동체(Kutturelle Gemeinschaften)무지크바움(Musik Baum: 음악나무) 대표 조기홍(曺基洪).

―화순 촌놈이 나주땅 양반님네 속에 눌려사노라니 힘이 듭니다. 소싯쩍부텀 소리 듣길 좋아하다보니 뮤직마니아(music mania)가 돼 레코드 3만장에 눌려지내노라 그 또한 힘이 듭니다. 삼대(三代)가 치성을 들여야 금성관 길에 눌러살게 된다는 이 집 하나 장만해서 별별 짓 다 하고 산답니다.

아닌 게 아니라, 조기홍은 별별 짓 다하고 산다. 아랫층엔 커피를 볶아내고, 윗층은 야마하 그랜드피아노를 떡하니 들여놓곤 아예 〈안성현음악홀〉이라 이름을 올렸다. 인구10만을 헤아리는 소도시, 게다가 수구전통의식이 유난히도 강한 나주땅에서 서양클라식 음악, 그것도 현대음악제, 하우스콘서트, 나주학생운동헌정음악회 같은 음악축제를 고집스럽게 펼쳐오고 있다. 조기홍의 자백(自白)을 경청하게 된다. 그의 진술은 차라리 절규(絶叫)라 할 것이다.

조기홍 선생과 함께

―젊은날 맹꽁이학당을 비롯, 야학운동, 농촌운동, 노동운동, 노조운동 등등 온갖 운동(運動)을 쫓아다니면서 핏대를 올려보기도 했습니다만, 옷만 갈아입는 것입디다. 천년고도(千年古都) 나주땅에서 진정 필요한 것은 문화운동이라 확신합니다. 전라도 전통가락에 서양현대음악을 접목한다는 게 어디 쉬운 일이겠습니까만, 수구(守舊) 배타(排他)를 지양(止揚), 새 바람을 불어넣는 것이 진정한 전통 아니겠습니까. 동서(東西)와 신구(新舊)의 오묘한 조화(調和) ― 그것이 나주를 예술의 메카로 부활시켜 보고자〈문화공동체 무지크바움〉을 뿌리내린 이유입니다. 상임작곡가 김선철 같은 잠룡(潛龍)들과 보석같은 신인(新人)들이 나주땅에 지천으로 묻혀있답니다. 우리 함께 그처럼 귀한 보석들을 발굴해서 갈고 닦아나가야 하지 않겠습니까.

작곡가 안성현(1920-2006)

그대는 안치환이 부른 '부용산'을 아는가? 들어는 보았는가? 서리 내린 강산에 길 잃은 한 마리 황새가 황혼을 가르며 날아가는 것 같은 그런 노래. 오싹 오금이 저린다. 이 계절에 "딱!"이다.

―부용산 오리길에 잔디만 푸르러 푸르러/ 솔밭 사이 사이로 회오리 바람 타고/ 간다는 말 한마디 없이 너는 가고 말았구나/ 피어나지 못한 채 병든 장미는 시들어지고/ 부용산 봉우리에 하늘만 푸르러 푸르러

1948년경 목포 항도여자중학교 국어교사 박기동이 요절한 누이동생의 죽음을 슬퍼하며 읊조린 노랫말에 음악교사 안성현이 곡을 붙여 널리 불려졌던 노래. 드들강변에 세워진 〈안성현 노래비〉로 우릴 안내한 조기홍. 그러나 그는 유물 같은 것엔 별무관심, 인생과 예술에 넋을 놓는다.

―안성현은 나주가 배출한 걸출한 작곡가입니다. 6.25동란 민족상잔의 아픔 속에 불운한 예술가지만, 그의 예술혼을 상처투성이 전라도 사람들 가슴에 심어 새로운 만남을 모색하고자 하는 것입니다.

지난 10월 10일부터 18일까지 '위로'(慰勞 Consolation)를 주제로 한 제6회 〈나주 안성현 현대음악제〉를 성황리에 마쳤다. 코리안챔버오케스트라(KCO)8중주단을 초청, 김선철 작곡 〈현악8중주를 위한 '안성현을 기리며'〉를 비롯, 세계적인 재즈 피아니스트 줄리안 쇼어(Julian Shore), 베이시스트 션 펜트랜드(Sean Pentland), 독일 출신 드러머 마뉴엘 바이얀드(Manuel Weynad) 등등 내로라하는 연주자를 초청, 안성현 주제에 의한 변주곡들의 화려한 향연을 펼쳤다. 목하, 〈나주땅 그사람〉은 안성현과 더불어 전통에 찌든 나주 성읍을 그렇게 새로이 탈바꿈하고 있는 것이었다.

나주학생독립운동기념관

나주역(羅州驛) 나주학생항일운동

'나주땅 그사람'은 우리를 이번에는 나주역으로 안내했다. 지금은 기차가 서지 않는 간이역 구(舊) 나주역사(羅州驛舍) 말이다. 조기홍의 설명이 이어진다.

─여기가 바로 우리 현대사 가운데 1910년 〈3.1운동〉, 1926년 〈6.10만세운동〉과 더불어 3대독립운동 가운데 하나로 기록되고 있는 1929년 〈광주학생독립운동〉 발상지입니다.

1929년 10월 30일 오후 5시반경, 광주발 학생통학열차가 나주역에 도착

했을 때, 일본인 학생들이 한국인 여학생들의 댕기머리채를 잡아당기면서 "조선사람 야만인"이라 야유하며 조롱하자 이에 격분한 한국인 학생들이 항의, 집단 난투극이 벌어졌다. 11월3일, 이 사건은 광주학생들의 집단 항일투쟁으로 폭발, 전국적인 항일운동으로 번지게 됐던 것이다.

나주에 얽힌 애잔한 기억들

〈첫번째 기억〉-언론인강제해직과 나주오씨(羅州吳氏):

그러니까 1980년7월19일, 그날이 국경일도 아닌데, 해마다 이날이 오면 필자는 태극기를 걸어넣곤 나 홀로 기념한다. MBC로부터 강제해직을 당한 날이다. 충격이었지만, 축복 아니리요. 서슬 퍼렇던 독재자 전두환은 신군부를 동원, 전국적으로 712명, MBC에선 77명을 어느날 갑자기 해직시켰다. "무능하고 부패한 언론인을 숙정한다"는 구호를 내세웠지만, 실

나주 향교

나주읍성 영금문(서성문)

은 '백주언론인대학살'(白晝言論人大虐殺), '전라도(全羅道)사냥'이라고도 들 그랬다. 전라도 출신들이 줄줄이 옷을 벗어야 했다 그때 MBC-FM 음악 PD 오모씨(吳某氏)도 쫓겨났다. 그는 경상도 출신, 억울했다. 자기는 '도매금에 덤'으로 넘겨진 피해자라 했다. "왜 경상도 사람이 전라도 사람 틈에 끼이는 영광(?)을 덧입은 것일까?"- 골똘히 생각해봤다 했다. 그리곤 기상천외(奇想天外) 결론에 이르렀다는 것이었다.

―나 오(吳)PD는 나주(羅州) 오씨(吳氏)니까, 전라도(全羅道) 계열(系列)로 분류되는 것 아니겠는가!

전설을 더듬어, 고려 태조 왕건(王建)과 오씨부인(吳氏婦人)의 로맨스가 얽힌 우물터를 찾았지 않았겠는가. 나주시청앞 잔디밭 마른 우물터.

질척거리는 젖은 잔디가 그날을 증언하는 것일까. 어즈버, 태평연월(太平烟月)이 꿈이런가 하노라! 천년영화(千年榮華) 나주오씨(羅州吳氏) 만만세!

〈두번째 기억〉-미국남장로교(美國南長老敎) 나주선교(羅州宣敎):

미국남북전쟁(美國南北戰爭)에서 패망한 남군지역 출신의 미국남장로교 '7인의 선발대'가 한국에 상륙한 것은 1892년 10월 18일. 그때 이미 미국북장로교, 호주장로교, 카나다장로교 선교사들이 한반도에 들어와 선교활동을 전개. 그들은 중복을 피하기 위해 예양협정(禮讓協定 Commity Agreements)을 맺고 선교지분할(宣敎地分轄)에 합의한다. 그 당시 전봉준 농민혁명(全琫準農民革命)으로 어수선했던 무주공산(無主空山) 전라도 지역이 남장로교 선교사들에게 할애됐다. 전주에서 시작된 호남선교는 군산을 거쳐 전라남도로 확장, 먼저 공략하게 된 곳은 나주. 당시 나주는 영산강 유역의 비옥한 땅을 거느린 번영과 풍요의 땅. 고려 왕건 이래 호족세력(豪族勢力) 유림(儒林)들의 기세가 그 당시에도 하늘을 찌를만큼 등등했던 것이었다. 호남선교의 아버지로 불리는 유진벨(裵裕趾 Eugene Bell)의 선교편지 두 대목이다.

―선교회는 나를 나주로 보내기로 결정하였다. (중략) 육지로는 8일간의 여행길이다. 나주는 큰 강을 거슬러 30마일 가면 된다.(Eugene Bell, Letter to Sister(Marshall), January 6, 1897)

―나주 사람들이 나를 때리겠다 하고, 혹은 죽이겠다고 위협했습니다. (From Thirty-seven Annual Report 0f Executive Committee of Foreign Mission of Presbyterian Church of U.S., year ending March 31, 1898.)

역사에 '만일'(If)이라는 가정법은 용납되지 않는다. 그러나, 한때 광주

나주역

보다 더 번영을 누렸던 나주라 했다. 나주금성관(羅州錦城館)-나주목사내아(羅州牧使內衙)-금학헌(琴鶴軒)-나주읍성(羅州邑城)-서성문(西城門)-나주향교(羅州鄕校)로 이어지는 고샅길이 아직도 태평성대(太平聖代) 나주의 옛모습을 보여주고 있다. 황차(況且)! 전인구원(全人救援)을 목표로 삼았던 미국장로교 선교활동은 학원(學園)-병원(病院)선교를 병행했던 것이니, 그때 만일(If), 미국선교사를 나주 양반들이 받아들였더라면? 그랬다면, 그토록 번영을 누렸던 나주가 오늘날 슬로우 시티 이미지(Slow City Image)에 머물러 있겠는가! 금성관길을 거니는 나그네의 마음이 허허로운걸 어이하랴. 오호애재(嗚呼哀哉)!

글 / 고무송목사(한국교회인물연구소 소장)/
사진 / 전원동 전도사(전 호신대학보 편집국장)

전라도 러브 콘서트

"제12곡
천사의 섬 증도, 미완성교향곡"

고무송 목사 (한국교회인물연구소 소장)

2016년 11월 21일 오전 7시 20분, 종점 행신역발 KTX에 몸을 실었다. 호남신학대학교 〈호신대학보〉에 햇수로 3년여에 걸쳐 연재해 온 〈전라도 러브 콘서트〉(Chullado Love Concert) 마지막 현장취재로 전라남도 신안군 소재 증도(曾島)의 문준경 전도사 순교현장을 찾아가는 순례길. 오전9시 25분, 광주송정역에서 뜨거운 커피를 들고 기다리는 〈호신대학보〉에이스 리포터즈(Ace Reporters)와의 랑데부(rendez-vous). 전 편집국장 전원동, 현 편집국장 김식, 수석기자 이명숙, 신참기자 김성하. 젊은 그들과의 만남은 헤아릴 수 없는 축복이거늘, 어찌타 이런 홍복(洪福)을 누리게 됐을꼬?

2015년 봄 어느날, 〈빛과소금〉 사진기자와 함께 김진영교수 취재차 호남신학대학교를 방문, 우연찮게시리 커피숍에서 〈호신대학보〉를 스쳤다. 순간 신문쟁이 근성이 발동했던 것이리라. "어라? 이 사람들 좀 보거라. 제법인걸!" 신학생들의 독창성과 자율성이 돋보이는 지면에 눈길이 머물렀고, 몇가지 나름대로 의견을 나눴는데, 이게 〈호신대학보〉 주간 최광선 교수에게 알려졌고, 기고 권유까지. 그러나 지도교수 직권에 의한 하향식을 고사(苦辭), 편집자의 자의적 원고청탁이 바람직하다는 사실을 강조했겠다. 영락없는 자업자득(自業自得) 아니겠는가. 커피숍에서 〈호신대학보〉와의 우연(偶然)의 '스침'이 필연(必然)의 '만남'이 될 줄이야.

호남신학대학교 호신대학보사에서 고무송 목사님께 드리는 원고청탁
호남신학대학교 학보사 국장 전원동입니다. 보내주신 책 숙독(熟讀)했습니다. 저희 학보에 기고해 주신다면 학우들에게 참으로 유익하고 좋은 일이라 사료(思料)됩니다. 삼가 원고청탁을 드립니다.
2015년3월16일 학보사 국장 전원동

필연(必然)이야 어차피 섭리(攝理)로 받아들일 수 밖에! 필자는 세가지 집필기준을 설정했다. 1) 전라도 사람들의 특심(特甚)한 애국 애향심 2)

미국남장로교 선교사들의 순교적 삶 3) 전라도가 보유한 전통문화유산을 발굴 제시하자! 그리하여, 혹여 변방의식(邊方意識)에 사로잡혀 있을 신학생들에겐 소명(召命)을, 소외된 이 땅 거민(居民)들에겐 자긍심(自矜心)을 일깨워주고자 했던 것이다.

전라도 러브 콘서트 (Chullado Love Concert)

한국기독공보사 사장을 역임한 고무송목사 집필, 〈전라도 러브 콘서트〉시리즈를 연재합니다. 미국남장로교 선교사들의 헌신을 통해 '복음의 못자리'를 이룩한 전라도의 아름다움을 여러 각도에서 조명, 신학도는 물론 이 땅 거민들의 자긍심(自矜心)에 촉매제가 될 것으로 기대합니다. 〈편집자주〉

위풍당당 〈편집자〉 전원동 편집국장은 사진촬영, 편집, 취재차량 지원은 물론 필자의 취재의도까지도 세심하게 헤아리며 기자들을 격려, 땀과 눈물과 기도와 순교의 피가 흥건히 적셔진 전라도 땅 구석구석을 샅샅이 훑어 〈호신대학보〉에 담아내고자 노심초사했다. 그리하여 젊은 그들과의 공동노작(共同勞作) 결과물인 〈전라도 러브 콘서트〉 전12곡(曲)의 현란(絢爛)한 연주를 기대하시라 개봉박두(改封迫頭)! 역사상 전무후무(前無後無)한 총천연색 시네마스코프 〈글로 써서 보여주는 콘서트〉(Written Show Concert)! 〈호신대학보〉 8·9면에 펼쳐 보여줄 수 있었던 것이었다!

　―제1곡 목포(木浦)의 눈물 〈제183호 2015년 4월 2일자〉
　―제2곡 영광(靈光) 블루스(Glory Blues) 〈제184호 2015년 5월 7일자〉
　―제3곡 지리산(智異山) 판타지아(Fantasia) 〈제185호 2015년 6월 4일자〉
　―제4곡 강진(康津) 아라리요 〈제186호 2015년 10월 7일자〉
　―제5곡 순천(順天) 레퀴엠(Requiem) 〈제187호 201년 11월 11일자〉
　―제6곡 여수(麗水) 랩소디(Rhapsody) 〈제188호 2015년 12월 2일자〉

―제7곡 광주특집(光州特輯) 예술혼(藝術魂) 만만세 〈제189호 2016년 4월 7일자〉
―제8곡 광주특집(光州特輯) 아아, 광주여 무등산이여! 〈제190호 2016년 5월 12일자〉
―제9곡 광주특집(光州特輯) 전우의 시체를 넘고 넘어 〈제191호 2016년 6월 14일자〉
―제10곡 진도(珍島) 아리랑 〈제192호 2016년 10월 11일〉
―제11곡 엄마야 누나야 나주(羅州)살자 〈제193호 2016년 11월 15일〉
―제12곡 천사의 섬 증도(曾島), 미완성교향곡(未完成交響曲) 〈제194호 2017년 6월 7일자〉

문준경(文俊卿), 그녀는 누구인가?

필자는 줄곧 순교자 문준경을 〈전라도 러브 콘서트〉 클라이막스(Climax)로 품어왔다. 누구길래?

―1891.2.2: 전남 신안군 암태면 수곡리에서 문재경의 3남4녀중 3녀로 출생
―1908.3.18(17세): 지도면 증동리 정운삼의 3남 정근택(당시16세)과 결혼
―1918.12(27세): 자녀를 출산하지 못함으로 소박 맞음. 시부 정운삼 별세
―1927(36세): 남편 소실 얻어 3남4녀 출산. 시모상 치르고 목포로 분가
―1928.7(37세): 예수 영접 수세(受洗: 목포교회 장석초목사) 후 집사 임직
―1931.5(40세): 이성봉목사 추천으로 경성성서학원(현 서울신학대학) 입학
―1932.7(41세)-1936.3(45세): 신학 재학중 임자도 진리교회, 증동리교

문경준전도사 순교기념관

    회, 대초리교회 개척
    ―1950.10.5(59세): '병아리 많이 깐 씨암탉' 죄명(?)으로 터진목 백사장
      에서 공산당에 순교

    그대는 전라도를 아는가? 문준경이 태어났고 59세까지 살다가 묻혀있는 전라도 신안땅을 아는가? 신안군은 1,004개의 섬으로 구성돼 있어, 천상 〈천사의 섬〉이다. 사람이 살고 있는 섬은 72, 무인도가 932곳이나 된다. 바람 부는 날엔 배가 묶여 왕래에 불편이 많아 조선8도 가운데 유배지(流配地) 오명(汚名)으로 얼룩진 낙도(落島)였던 터. 이젠 연육교(連陸橋)를 놓아 딴 세상이 됐다. 압해대교, 증도대교 등 8곳이 완공됐고, 압해도-암태도, 증도-자은도를 비롯 14곳에서 연육이 이뤄지고 있는 실정. 주민 5만명 남짓 신안군은 김대중 대통령을 비롯 화가 김환기, 영화감독 강대진,

시조명인 손한술, 명창 이홍채, 바둑명인 이세돌. 기독교계엔 서남동, 고재식, 정태기, 문준경, 김준곤, 이봉성, 이만신, 김수진, 고훈, 채영남, 고만호 등등 쟁쟁한 명사들을 배출했으며, 2007년 아시아 최초 슬로시티(Slow City)로 지정된 생태관광지 중도를 비롯 보석처럼 영롱하게 빛나는 섬, 섬, 섬.

그대는 남도(南道)를 아는가? 그곳은 거룩한 땅(Holy Land)이려니. 곡성(谷城)엔 이수정 생가, 여수(麗水)엔 손양원 순교기념관, 영광(靈光)엔 전교인 65인 순교 야월교회, 77인 최다 순교 염산교회, 그리고 중도(曾島)엔 〈문준경전도사순교기념관〉이 있다. 관장 김헌곤 목사의 증언을 경청한다.

─순교자 문준경 전도사는 배고픈 자에겐 밥이 되고, 헐벗은 자에겐 옷이 되고, 상처입은 자에겐 치료자가 되며, 불의한 자에겐 정의(正義)가 된 거룩한 성녀(聖女)입니다. 해마다 7만여명의 순례자들이 방문, 교회를 새롭게 하는 영적산실(靈的産室)이 되고 있습니다. 중도는 주민 2,000여명 가운데 90%가 예수를 믿으며, 159명의 목회자와 81명의 장로를 배출한 천사의 섬(Angel Island)입니다.

시인 고훈목사(안산제일교회 원로)의 헌시(獻詩) 속에 문준경 순교의 얼이 알알이 서려있다.

─(전략) 1950년 시월5일/ "이 반동 간나 문준경은/ 새끼 많이 깐 씨암탉이다!"/ 짐승 같은 공산당원 죽창에 찔려/ 갈기갈기 찢긴 피투성이 몸으로 여기 순교할 때/ "주여 저들을 용서하소서. 이 계집종의 영혼을 받으소서!"/ 그날 하늘도 바다도 땅도 울고/ (중략) 중도의 순교자 성결의 어머니 문준경/ 우리는 당신을 사랑합니다// 저들의 능력은 죽이는 것이나/ 당신

신안해저발굴기념비 앞 전경

의 능력은 죽는 것입니다.
　(고훈, 우리는 당신을 사랑합니다)

희미한 옛 사랑의 추억

필자에게 증도는 추억의 땅. 젊은날 MBC 라디오 드라마 〈전설따라삼천리〉 PD로 활동하던 시절, '신안해저유물발굴' 현장취재차 이곳을 찾았고, 이제 그 흔적이 벼랑 끝 수풀 속에 고즈넉이 망부석(望夫石)처럼 외로이 홀로 서있는 〈신안해저발굴기념비〉에 새겨져 있음을 확인케 되는 것이다.

―1976년10월부터 1984년9월에 걸친 발굴조사 및 인양작업이 실시되어 도자기류 등 유물과 침몰된 선체를 인양하였다. 도자기20,661점, 금속제품729점, 석제품43점, 동전류28톤18Kg, 자단목1,017개, 기타574점과 침몰된 선체였다.

많은 세월 지나 필자가 목사로 변신, 다시 찾은 중도는 전혀 새롭게 다가왔다. 마치 초례청(醮禮廳)에 들어서는 새색씨 마냥, 다소곳 다가서는 한 여인을 만나게 되는 축복을 누리게 될 줄이야!

―그렇습니다. 많은 유물들의 목록이 상세히 기록돼 있건만, 그것을 운반했던 사람들의 흔적에 대해선 언급이 없습니다. 덧없이 흘러간 세월 속에 그들의 흔적은 물론이거니와 기억조차 몽땅 잊혀진 것 아니겠는가. 그런데, 세월이 지나도, 아니, 흐르면 흐를수록 잊혀지지 않는 한 사람이 중도에 남아있는 것이었습니다. 순교자 문준경(文俊卿 1891-1950)전도사, 바로 그분입니다.
(고무송, 그때 그 사람들은 모두 어디로 갔는가, 창조문예사, 2013년)

더 많은 세월 지나, 〈호신대학보〉 젊은 기자들과 함께 또다시 찾은 중도. 필자는 그 여인 인하여 옷깃을 여미지 않을 수 없는 거룩한 땅이었기에, 취재길이었지만 의관(衣冠)을 정제(整齊), 검정 넥타이를 맸다. 필자가 답사해 왔던 한국개신교 최초 순교자 토마스목사(Rev. R. J. Thomas 1839-1866) 순교현장인 북녘 땅 평양 대동강변으로부터 순교자 문준경(文俊卿 1891-1950)의 남녘 땅끝 중도에 이르는 순례자의 길. 아, 우리네 땅, 이 땅을 적셔 흐르고 있는 순교의 피, 피, 핏자국이여!

나는 듣노라, 그대가 마지막 유언처럼 남겨주고 떠나가신 거룩한 그 말씀!

―내가 진실로 진실로 너희에게 이르노니 한 알의 밀이 땅에 떨어져 죽지 아니하면 한 알 그대로 있고 죽으면 많은 열매를 맺느니라. (요한복음 12:24) 아멘! 아멘!

〈에필로그 (Epilogue)〉

〈전라도 러브 콘서트〉를 성원해주신 애독자들과 도움을 주신 여러분들, 그리고 함께 전라도의 아름다움을 찾아 발굴, 답사, 취재활동을 펼쳐왔던 〈호신대학보〉 젊은 기자 여러분들께 깊은 감사드립니다. 〈미완성교향곡〉으로 남겨두고 떠나오니, 더 멋진 콘서트 기대합니다.

사랑하였으므로 행복하였네라!

〈편집자 주〉

고무송목사님과의 짧으면 짧고 길다면 길었던 3년 동안 함께 했던 여행길과 그 안에 이야기들 그리고 교감, 공감, 배움...

"목사님, 그 동안 〈전라도 러브 콘서트〉로 수고하셨고요, 고맙습니다. 목사님의 연주는 〈미완성교향곡〉이 아닙니다. 여기 호신의 후학들이 계속해서 그 연주를 이어가리라 기대하기 때문입니다. 한편 목사님은 〈전라도 러브 콘서트〉라는 연주를 온 몸으로 하셨고, 그 연주는 격렬했고 차분했으며 때론 역동적이었고 순수했습니다. 그래서 목사님을 생각할 때면 한편의 교향곡이 떠오르기도 하지만 저는 지휘봉도 아닌, 바이올린도 아닌, 첼로도 아닌, 구수한 된장찌개가 더 생각나네요. 그게 고목사님이 아닌가 하네요. 후학들을 앞에 데려다 놓고서 이래라 저래라 혹은 이렇다 저렇다 연주를 가르치는 것이 아니라, 그냥 그 구수한 된장의 내음으로, 마치 삼투압현상처럼, 당신이 아는 그 나라와 그 의를 보여주셨습니다. 고목사님, 고맙습니다. 그리고 사모님 건강이 걱정되는군요. 기도하겠습니다. 그리고.... 앞으로도 떡갈비 혹은 자장면 사주셔야 합니다. 목사님, 고맙습니다."

| Epilogue |

우연(偶然)의 '스침'과 필연(必然)의 '만남' 사이

전원동 전도사
(아화교회 / 전 〈호신대학보〉 편집국장)

엘리야가 갈멜산에서 바알과 아세라의 선지자 850명과 싸워 멋지게 승리하지만, 곧 이세벨의 복수가 두려워서 도망자의 길을 간다. 광야 로뎀나무 아래에서 그는 하나님께 자신의 생명을 거두어달라고 하소연하며, 자신이 조상보다 낫지 못하다며 자기번민으로 낙심한다. 광야가 상징하는 황량함과 건조함 그리고 그로인한 목마름은 엘리야의 당시 상황과 심정을 나타내는 것으로 보인다.

하나님은 이런 엘리야에게 떡과 물을 공급하신다. 그가 기력을 회복할 수 있도록 힘을 공급해주신다. 그것도 한 번이 아니라 두 번이나 천사를 보내어 그에게 떡과 물을 먹이신다. 여기서 두 번이라 함은 횟수라기보다는 엘리야가 기력을 회복하기에 충분하게 먹이셨다는 의미일 것이다. 하나님은 기력이 쇠하고 광야처럼 황량해진 엘리야의 몸과 마음을 충분히 추스르게 하신다. 그리고 그를 하나님의 산 호렙산으로 이끄신다.

호렙산은 모세가 하나님을 40일 동안 만난 곳이며, 하나님의 임재가 충만한 곳이다. 하나님은 호렙산에서 자기를 나타내셨다. 하나님은 그곳으로 엘리야를 부르신다. 호렙산에서 하나님은 엘리야에게 물으신다. "네가 어찌하여 여기 있느냐?" 이에 엘리야는 자신이 하나님에게 열심이었고, 그로인해 이제 죽게 되었다고 변명한다. 아마도 엘리야는 하나님이 자신을 혼내시며 추궁하시는 것으로 생각했나보다. 그러자 하나님은 그를 산에 세우시고 그 앞에 지나가시는데 바람이 산을 가르고 바위를 부수고, 지진이 있고, 불이 있다. 그런데 그곳에 하나님은 계시지 않았다. 이어서 세미한 소리가 있는데, 엘리야가 듣고 겉옷으로 얼굴을 가리고 그 앞에 선다. 소리가 그에게 임하여 다시 한 번 묻는다. "엘리야야, 네가 어찌하여 여기 있느냐?" 엘리야는 다시 자기가 하나님께 열심이었고, 그로인해 죽게 되었다고 자기변명을 늘어놓는다. 엘리야는 하나님이 다시 한 번 자신을 질책하시며 추궁하시는 것으로 생각한 것 같다. 그러나 하나님은 엘리야에게 더 큰 사역을 맡기시며, 함께 일할 동역자를 붙여주신다.

하나님이 엘리야를 호렙산으로 불러 "네가 어찌하여 여기 있느냐?"라고 물으신 것은 엘리야를 질책하시거나 추궁하시기 위함이 아니었다. 엘리야가 하나님의 맡기신 사역을 잘 감당하지 못하고, 실패해서, 그로인해 여기에 있고, 그것을 하나님이 추궁하시는 것이 아니라, 엘리야가 하나님께 열심이라 힘들고 지치고 낙심한 것을 하나님께서 아신다는 의미이다. 그로인해 여기에 있구나, 이제 내가 너를 위로하고 치유하고 격려해야겠다는 하나님의 따스하고 친밀한 세미한 소리였다. 하나님이 바람과 지진과 불 가운데 말씀하시지 않고, 세미한 소리로 말씀하신 이유일 게다. 엘리야야, 그동안 많이 힘들었지, 수고 많았다 하시며 어루만지시고 위로하시며 엘리야에게 세미한 소리로 다가가신 하나님을 생각해본다.

처음 학보사 주간 교수인 최광선 교수님을 통해 알게 된 고무송 목사님과의 인연이 벌써 3년이 되었다. 처음 원고청탁을 부탁드렸을 때 거절하거나 승낙하기보다 먼저 국장 자의로 원고청탁을 하느냐고 물으시고, 자신이 어떤 사람인지 알아본 후에 잘 생각해보고 원고청탁을 하라시며 자신과 관련된 책자와 이력을 보내주셨다. 사실 꼼꼼히 다 읽어보지는 못했다. 그러나 뭔가 좋은 냄새가 났고, 기꺼이 인연을 맺어도 좋겠다는 생각이 들었다. 그렇게 〈전라도 러브 콘서트〉가 목포를 시작으로 긴 연주를 하게 되었다.

목포에서 고목사님을 처음 뵈었을 때 비가 추적추적 내리고 있었다. 유달산 앞 어느 촌닭집에서 목사님은 맛난 점심을 사주셨고, 식사를 다 마친 후에도 여전히 비는 내리고 있었다. 지금도 유달산의 비 내리는 풍경 속에 구슬프게 들리던 이난영의 목포의 눈물의 곡조가 귀에 생생하다. 그렇게 목포를 시작으로 영광, 지리산, 강진, 순천, 여수, 광주특집 3회, 진도, 나주, 그리고 증도를 끝으로 12번의 막을 올렸다.

내가 처음 보고 느낀 고무송 목사님은 엘리야가 호렙산에서 처음 보았던 바람, 지진, 불과 같이 크고 강하고 엄한 하나님의 모습과도 같았다. 그럴 만도 한 것이 고목사님의 화려한 이력도 그렇고 연배로 보아도 그랬다. 고목사님은 나에게는 대선배였고, 그 모양새는 크고 강하고 엄했다.

그런데 언제부터였을까? 고목사님 앞에서 신학도의 불만과 푸념을 늘어놓기 시작한 것이... 그럴 때마다 잔잔한 미소를 머금던 고목사님... 신학도의 불만과 푸념에는 기성목회자에 대한 욕도 많았는데, 지금 생각해보면 참 난처하셨을 텐데... 공감해주시며 내 편 들어주셨던... 오갈 때 편도차비도 안 되는 원고료를 드리는데... 늘 밥 사주시며, 서울로 올라가실 때는 오히려 내 주머니에 차비를 넣어주시던... 매번 신문을 낼 때마다 까마득한 후배의 편집이 얼마나 마음에 들었을까? 그럼에도 불평이나 질책 대신 늘 칭찬으로 후배의 흠을 채워주시던....

내가 고목사님을 좋아하는 것보다 내 아내가 고목사님을 더 좋아하는 것 같다. 아내는 내가 그분을 만난 것은 하나님의 은혜라고 한다. 그리고 언젠가는 하나님과 고목사님을 비교했는데, 나를 향한 크고 일방적인 내리 사랑이 공통점이라고 했다. 내 아내의 말에 나도 공감한다.

이 글을 시작하면서 엘리야의 이야기를 길게 늘어놓은 것은, 광야 로뎀나무 아래서와 호렙산에서 엘리야와 하나님 사이에 있었던 일들이, 마치 고목사님과 나와의 이야기처럼 느껴졌기 때문이다.

엘리야가 광야 로뎀나무 아래서 하나님이 보내신 천사로부터 떡과 물을 공급받았듯이, 나는 고목사님을 통해서 나를 치유하는 만짐과 위로와 힘을 경험했다. 엘리야가 호렙산에서 하나님의 세미한 소리를 들을 때 받았을 위로와 격려와 친밀함을 나는 고목사님에게 받았다.

그것은 특별한 말이나 행동으로 인한 것이 아니라, 그냥 내게 전해지는 따스함 같은 것이다. 아마도 고목사님 안 가득한 하나님의 사랑이 조금 새어서 내게 비추거나, 그 온기가 전해지는 것 같다. 이 글을 쓰면서도 고목사님의 미소 머금은 온화한 얼굴이 선명하게 떠오른다.

〈전라도 러브 콘서트〉가 기획되고, 12번의 막을 올리면서 하나님의 사랑과 그 안에 인생들의 이야기를 따스하고 진실 되게 노래할 수 있었던 이유이기도 한 것 같다.

그동안 〈전라도 러브 콘서트〉는 순교까지 기꺼이 믿음을 지킨 신앙의 선배님들과 이 나라에 복음을 전하기 위해 이 땅에 묻힌 미국남장로교 선교사들의 발자취와 예술의 고향 전라도의 멋과 풍물을 통해, 그리고 전라도가 배출한 걸출한 인물들을 소개함으로 전라도만의 긍지와 자부심을 일깨워주었다.

그리고 중도이야기를 끝으로 〈전라도 러브 콘서트〉의 대장정의 막이 내렸다. 고무송 목사님이 연주했던 〈전라도 러브 콘서트〉는 항해를 멈췄다. 그러나 엘리야의 뒤를 이어 엘리사가 그 일을 감당했듯이 광주에 호남신학대학교의 후배들에게 작은 바람이 있다. 고목사님의 〈전라도 러브 콘서트〉 연주가 이제는 후배들의 손에 의해 계속되기를 기대해 본다.

이 지면을 들어 부족한 국장 보필하느라 고생한 호남신학대학교 학보사 분들과 저 때문에 가슴 조이며 시름에 잠기셨을 당시 학보사 주간 최광선 교수님께 감사드린다. 그리고 다시 한 번 고무송 목사님께 감사의 인사를 드린다. 못난 후학의 좋은 스승 되어주셔서 감사드리며, 앞으로도 그 온화한 미소와 사랑을 계속 주실 거죠?

- "Thank you so much indeed!"